修學引導叢書5

菩提心與普賢行願

濟群法師——著

目次

受持菩提心戒的意義 149

自序

菩提心與空性見，是大乘佛法的兩大核心。但在佛學院的常規教學中，都以空性見為重點，很少安排菩提心教法的課程，最多學一學省庵大師的《勸發菩提心文》。

我從求學到教學、弘法，一直沒離開佛學院。在我過往的印象中，研學經論，掌握各宗義理，然後分享給學生、信眾，就已盡到內修外弘的責任。對於大乘菩薩道精神，雖然也知道，講課和弘法時也會說到，但並沒有特別深入的思考。那種感覺，好像一個熟悉的陌生人，說起來大家都聽過，但究竟和我們有什麼關係，卻知之不詳，說不出什麼所以然來。

二〇〇三年，北京趙奉新居士到訪。他是學《華嚴經》的，特來和我交流菩提心教法的殊勝。那天，我們在阿蘭若暢談八個小時。應該說，趙居士的分享對我觸動很大，使我對菩提心引起高度重視，並有了很多新的思考。當年秋天，我將這些思考結合多年修學心得，作了「認識菩提心系列講座」，後整理為同名書籍。這是我弘揚菩提心的開端。

二〇〇四年，我在戒幢佛學研究所講授《菩提道次第略論》。這是一部探討修學次第的論典，但有相當篇幅貫穿了菩提心教法。我曾經將本論的特點總結為：一個根本，兩大利益，三類設教。一個根本，即菩提心；兩大利益，即現實利益和究竟利益；三類設教，即三士道。《略論》的結構分為道前基礎、下士道、中士道和上士道，但整個修學都是為了導向上士道，那就是發菩提心，成就無上佛果。

受此啟發，我又在二〇〇七年作了「修學菩提心系列講座」，後整理為《菩提心的修行》。同時，還在各地廣泛宣說菩提心教法，並編寫了「受持菩提心儀軌」。說起菩提心戒，大家可能覺得陌生。漢傳佛教歷來重視菩薩戒，那菩提心戒又是什麼？菩提心是一種發心，怎麼會是戒呢？其實在《瑜伽師地論》、《顯揚聖教論》等佛典中可以看到，中觀、唯識都有關於菩提心戒的傳承，只是被我們忽略了。

不重視菩提心教法，不具備菩提心戒的基礎，正是菩薩戒流於空洞、菩薩道精神有名無實的關鍵所在，特別有必要補上這一課。所謂菩提心戒，是對十方諸佛和法界眾生莊嚴承諾，將「我要盡未來際利益眾生」的願心，作為誓言確定下來。二十年來，我多次在戒幢律寺等地為信眾傳授菩提心戒，還宣導大家重複受持，強化願心，使之成為發自內心的願望，不可推卸的使命。

說起我和《普賢行願品》的緣分，那就更早了。一九九六年，我應淨慧老和尚邀請，到柏林禪寺開講此經，並整理為《學佛者的信念》。此後，我又在蘇州定慧寺開講「普賢行願品的觀修原理」，在成都文殊院開講「從有限到無限」，在峨眉山大佛寺開講「行願無盡」。在多次講述的過程中，我深深體會到《行願品》見地的殊勝、修法的直接，將此總結為：菩提心的無上觀修，佛陀品質的臨摹方法。

在漢地，《普賢行願品》作為淨土五經之一，被信眾廣泛傳誦；在早晚課的大懺悔文中，也將出自本品的七支供，作為修習懺悔的重要內容。而在印度、西藏的各種修行中，更是對七支供推崇備至。基於這些傳統，我在編寫「皈依共修儀軌」、「菩提心受持儀軌」、「菩提心修習儀軌」時，也把七支供作為集資淨障的法門。依普賢菩薩的廣大見地觀修，就能將每個行為從有限變為無限。

以此集資，可速速圓滿成佛資糧；以此淨障，可速速消除一切障礙。

本書將有關菩提心教法和《行願品》的內容編在一起，因為二者在修行上密切關聯。前面說過，《行願品》是菩提心的無上觀修。如果沒有這種見地，就無法像佛菩薩那樣，以虛空般的廣大胸懷，接納並利益眾生。反過來說，如果不立足於菩提心教法，我們也難以理解《行願品》開顯的甚深境界。

發菩提心，行十大願。身為大乘佛子，別無選擇！

二〇二三年春寫於阿蘭若

認識菩提心

二〇〇三年九月，濟群法師在戒幢佛學研究所為學員們開講《認識菩提心》系列講座。在為時一週的講座中，法師從「普通人的發心」開始，層層深入，詳盡闡述了如何正確發心、菩提心的殊勝、菩提心的發起因緣和菩提心的特徵等問題。法師立足於華嚴的見地，結合唯識、中觀的思想，及歷代大德對菩提心教法的開示，並根據自身的修學體驗，對菩提心教法作了全面總結和詮釋，使一向被人們當作口號的菩提心教法，得以從理論走向實踐。

「發心」這兩個字，想必大家都很熟悉。我們經常會聽到一些長輩要求我們發心，許多同輩之間彼此也會用發心來相互鼓勵。但細究起來，有幾個人能真正認識到其中的意義？又有幾個人能將「發心」發得到位、發得準確、發得有水準？事實上是很少的。因而在很多情況下，發心似乎已經成了一句空洞的口號。

在大乘佛教的重要經典中，幾乎都有關於發菩提心的教誡。《華嚴經》云：「忘失菩提心，修諸善根，是為魔業。」這句經文被省庵大師引用於《勸發菩提心文》，在漢傳佛教界廣為流傳，發人深省。離開菩提心，在修行上的所有努力，都將成為生死之因。《大般若經》云：「云何菩薩摩訶薩普為利樂諸有情故乘於大乘？滿慈子言：舍利子！若菩薩摩訶薩修行般若波羅蜜多時，以一切智智相應作意，大悲為首，用無所得而為方便。」一切智智相應作意，即菩提心。印順法師在《學佛三要》中引用了這段經文，並提出大乘佛教的三大要領：菩提心、大悲心、空性見，充分說明了菩提心在菩薩道修行中的重要性。

《道次第》中，將修學佛法的要領歸納為三主要道，即出離心、菩提心、空性見。我覺得這一歸納非常精闢，發出離心不僅是為了個人解脫，更是作為菩提心生起的基礎。因為大乘佛教是立足於菩提心，成佛就是菩提心的圓滿成就，所以空性見也是為菩提心服務的。從菩提心的發起到成就，離不開空性見的引導。如果沒有空性見，凡夫心尚且難以擺脫，何況無上菩提的成就？

漢傳佛教屬於大乘，但在中國的弘揚過程中，並沒有很好地實踐大乘精神。漢傳各宗祖師在立宗設教時，雖然都有關於菩提心的專門論述，卻未能引起後人的重視。唐宋以降，唯禪宗和淨宗影響最為廣泛。而禪宗和淨宗的修行人，往往充滿濃厚的出世色彩。修禪的無非是了脫生死，念佛的一心往生西方，也還是了脫生死。問題還在於，他們基本是以個人解脫為主。如果僅僅為了個人解脫而修行，顯然不是大乘的發心。

為什麼充滿積極利世思想的大乘佛教，來到中國後演變為濃厚的出世色彩呢？根源就在於忽略了菩提心，在修行上不知不覺偏向以個人解脫為主。

大乘和小乘的區別在哪裡？很多人往往會從教理上區別，似乎學習大乘教理就是菩薩行者，學習小乘教理則是聲聞行者。其實並非如此，區別大小乘的關鍵是在於發心，和對發心的實踐。如果我們發菩提心受持五戒，那麼五戒就是大乘的五戒，是菩薩行的組成部分。如果只為個人解脫而發出離心，即使學習至圓至頓的《華嚴》，也算不上合格的大乘弟子。

在當前的佛教界，許多人對發菩提心的內涵缺乏了解。不知道怎樣才是真正的發心？怎樣將心發到位？發心到位之後又應該做些什麼？如何使發心持續穩定地發展？對於這一系列問題，多數人不甚了了，菩提心自然也就無從發起。

要解決這些問題，我們先從普通人的發心談起。

一、普通人的發心

這裡所說的普通人，指社會上那些沒有學佛的人，他們不自覺中也在發心。因為他們每天都會有無數想法：想錦衣玉食，想財源滾滾，想仕途暢通；更有甚者，還想著坑蒙拐騙，損人利己。事實上，每種想法都不是憑空而有的，皆有各自的心理基礎。這個基礎或是貪心，或是嗔心，或是我慢、嫉妒，乃至邪知邪見。這一心理基礎，又會引發相應的行為。

1．凡夫心的形成

每個行為在完成過程中，一方面會成就客觀上的事實，比如為謀利去開公司，經過幾十年努力成就一番事業。而在另一方面，這一行為更成就了我們的凡夫心。如果開公司的心理基礎是貪心，那麼在經營過程中，對公司的貪著之心也會隨之增長，最後這個公司就成為生命的重要組成部分。

社會上不少青年為了戀愛尋死覓活，他們並不是開始就嚴重到這一地步，不可能一見面就再也無法分開。也是經歷了相戀的過程，使彼此的貪著之心越來越重，以至發展到無與倫比的程度，覺得失去對方就失去了整個精神支柱。

凡夫心正是這樣不斷滋養起來的。用唯識法義來理解，就是「種子生現行，現行薰種子」。這兩句話雖然簡單，但已將心行運作的規律揭露無遺。種子生現行「是重複的過程」，當然這不是簡單的重複。因為心念的重複是變化的，會介入自身的經驗和想法，最後形成貪心、嗔心、我慢、嫉妒等各種心行。尤其在現代社會，世風日下，人心不古，做事業要面臨很多考驗，甚至可以說是處處陷阱，往往使人不自覺地被各種誘惑所轉。最後事業雖然成就了，內心世界卻被染汙得面目全非。

從這個意義上理解，發心就是通過外在的想法和行為，最終引發並成就自身的某種心理。所以說，我們每做一件事，不僅要考量客觀結果，更要考量它究竟成就了怎樣的心。事業是短暫的，而凡夫心的作用不僅會左右我們的今生，更會影響到未來。

世人以凡夫心為基礎，產生種種想法及行為，因而成就了凡夫品質。所謂凡夫品質，從根本來說，就是我法二執及貪嗔痴煩惱。當然，每個人的執著有不同取向，從而展現出各自不同的性格特徵。凡夫心的力量強弱，取決於我們對它的培養。習慣貪的人時刻都在張揚自己的貪心，習慣嗔恨的人時刻都在張揚自己的嗔心，這些現象我們很容易在生活中觀察到。如果不反省並制止，貪心和嗔心隨時都會尋找目標，採取行動。久而久之，使貪心和嗔心變得無比強大。

心靈是在重複中成長的，每重複一次就壯大一次。所以，我們必須對自己的一言一行乃至起心動念加以審視，及時調整。

2．良好心行的培養

每一種技能的獲得，也要通過不斷重複。比如我們學打球，必須反覆練習才能形成正確的姿勢。有些動作看似簡單，但要學得規範並不容易。即使學會了，還需要經過相當時間的鞏固。因為我們在此之前往往已形成某種習慣性的姿勢，稍有鬆懈，馬上會恢復到原有習慣中。只有在特別用心時，才會做出準確的姿勢。

事實上，行為習慣也代表著心靈習慣，兩者是統一的。但從心靈到行為的落實，確實需要通過訓練。這種訓練可能要百次、千次、萬次，隨時將自己的觀念和行為調整到正確狀態，然後不斷重複。當這種重複在心行上穩定之後，就是定。事實上，定並沒有那麼神祕，穩定地延續下去就是定。當正確的身心行為穩定之後，就會發揮出強大的能量。不然，它的力量是很微弱的。

正念同樣需要訓練。所以，念佛必須時刻憶念「阿彌陀佛」的名號，將一句名號週而復始地重複、重複、再重複。那麼，重複的關鍵在哪裡？就是有正見為指導。否則的話，重複訓練會將一些錯誤的觀念和行為固定下來，成為難以改變的不良習慣。

正見能指導我們調整身心，幫助我們作出判斷：這個狀態應該捨棄，那個狀態應該捨棄。通過不斷捨棄，將心行調整得不偏不倚。正見還告訴我們：在這一狀態中，應以怎樣的態度去對待，否則又會落入怎樣的狀態，等等。這正說明了經教的重要性，因為經教可以幫助我們樹立正見。但學習經教必須找到立足點，這個立足點是在我們的心行。所以學法的重點是心，而不是書本。

正確的發心非常重要。凡夫的發心基礎是錯誤的，最終訓練出來的就是凡夫心，是貪心、嗔恨；而不是覺悟的心，不是慈心和悲心。反過來說，如果我們能以訓練凡夫心的功夫，用於訓練佛菩薩品質，訓練覺悟的心，也會很快成就的，可能所用的力氣還不需要百分之一。關鍵在於，我們不懂得什麼是覺悟的心，更不懂得怎樣訓練。如果找對方法，覺悟並非遙不可及。翻開古德傳記，不少人是經善知識點化，言下頓悟。這也從一個側面幫助，開悟並非不可企及的事。佛陀在世時，很多弟子聞佛說法後，當下得法眼淨，證悟聖道聖果。如果很難的話，不可能當下成就。所以修行應該有簡單的一面，關鍵在於找到正確的方法和入手處。

二、學佛人在發心中的誤區

普通人因為從凡夫心出發，所以成就了凡夫心。那麼學佛者的發心是否就正確呢？其實也不盡然。很多學佛者的發心，並沒有擺脫原有的心行習慣，也不屬於正確的發心。

1．基於某種貪著而發心

學佛者的發心往往存在兩種誤區。一是從開始就不對，是帶著某種貪著學佛。深究起來，可能百分之九十的人都是以此為起點。

有些人是被寺院莊嚴的環境所感染，走入寺院後覺得非常安詳，因此前來學佛，覺得住在寺院享享清福就是人生的至高境界，其實他只是貪著方外之地的氛圍。有些人是被清淨的梵唄和僧人的念誦打動，學佛後天天跟著唱念，以為這就是最好的修行，其實他只是貪著於梵唄和音聲。也有些人喜歡佛教高深的哲理，覺得研究佛學很有思想深度；還有些人欣賞佛教輝煌的藝術，覺得佛教藝術殿堂中有豐富的寶藏，等等。若是緣於對某種外境的貪著而發心學佛，那麼在學的過程中，貪著往往也會隨之增長。

如果把佛教當作學術來研究，到最後寫文章、出成果就成為目的了。一旦有了成果、出了專著、評了職稱之後，會覺得學佛的任務已徹底完成，人生的問題已完全解決。還有很多人把佛教當作純粹的哲學來思考，對哲理的興趣遠遠高於解決人生問題，這一類也大有人在。民國年間支那內學院的學者們，基本就落入哲學式的研究，而不是基於對生命的關懷。甚至還有些人是衝著佛教的利益而來，把寺院當作謀生場所，更是錯誤的發心。

仔細分析起來，絕大部分人都是由類似的因緣走入佛門。真正感悟到人生無常，為尋找生命出路，為了生脫死，為成佛作祖，為利益一切有情而學佛的，實在是少之又少。如果發心後繼續緣於對外在現象的貪執，沒能在目標上有更高的提升，最後成就的很可能是貪著之心、我法二執。這是發心中的第一種誤區現象。

當然，從貪著入門並非絕對不可。《維摩經》曰：「先以欲鉤牽，後令入佛智。」也就是說，先以某種方便使人對佛法產生興趣，然後逐步引導。比如澳洲的一些道場，便免費為大家提供素食。很多人開始到寺院，並不是對佛教有興趣，而是衝著免費素菜來的。但他們到寺院的次數多了，漸漸對佛教產生感情，然後聽聽講座，讀讀佛教書籍，認識也會有所提高，最終轉入正確的發心。所以說，如果不是停留在貪著上，而能通過聞思經教來樹立正見，並以正見為指導，「勤修戒定慧，息滅貪嗔痴」。那麼，儘管是從貪著開始，最終卻能放棄貪著，同樣可以成就解脫。

2．發心過程中誤入凡夫心

第二種誤區現象，是從正確的發心開始，的確是為追求解脫或成就佛道而學佛。但這種發心能否持續下去？能否保持永久的純正性？

我們知道，發心只是開始，只是一念的力量。這個剛剛生起的正念像嬰兒一樣，力量非常微弱。相反，凡夫心的力量卻非常強大，因為它源於無始以來的生命洪流，其力量往往比我們以為的更強大。只有當我們發起強烈的出離心和菩提心時，凡夫心才會暫時退避一下。就像貓出現時，老鼠就知趣地躲進洞裡。

但心不會總是處在這樣的狀態，尤其是當我們做事的時候，比如住持道場、管理寺院，免不了要應酬複雜的人際關係；到各地弘法、開設講座，也免不了和各種類型的信徒打交道。在這樣的過程中，我們往往會忘記當初的發心，甚至將事業的成就當作修行目的。事實上，我們發出離心或菩提心做事，最終所要成就的正果是解脫，是無上菩提，事業只是其中的副產品。

遺憾的是，多數人在做事過程中不知不覺地忽略了初心，背離了最初的目的。尤其在事業有了一定規模之後，我們甚至也會像世俗人那樣，希望這項事業越做越大，希望這項事業超過別人，忘了修行人應以怎樣的心態來做事。於是乎，所有的凡夫心都回來了。隨著事業的發展，對事業的貪著也成正比地增長。事業開展得越大，對事業的貪著之心就越強。雖然從事的是佛教事業，但和從事世俗事業的心行運作規律是一樣的。

無論對佛教事業的貪著，還是對世俗財富的貪著，兩種貪的本質並沒有什麼區別。當然，弘揚佛法或護持道場能利益很多人，它所成就的福德，和貪著世間名利的果報截然不同。但我們必須認識到，兩者在主觀上成就的貪著之心沒有絲毫不同。就像在我們的眼中，無論放上金子還是沙子都同樣有害。

很多做事的人，包括護法、弘法乃至修行的人，因為在知見上沒有過關，不能正確認識做事應有的心態，所以在發心過程中不自覺地落入了凡夫心。這種情況在教界比較普遍，雖然客觀上成就了一番佛教事業，但也在主觀上成就了典型的凡夫心。事業發展到相當規模之後，甚至形成了山頭主義、本位主義、宗派觀念。其實，這些都是我執的表現。因為我執也隨著事業一起成長，到最後和修行完全是兩碼事了。表面看起來事業很輝煌，弘法的影響非常大，但我執和貪著之心也在與日俱增。

明白這個道理極其重要，百分之九十五以上的人可能都沒注意到這一點，所以接二連三地栽了進去。我也是因為近期思考菩提心的問題，才發現了這個道理。雖然道理很簡單，但意義非常重大。尤其是對同學們來說，現在開始把握還來得及。如果我們能發起猛利的菩提心，調整好自身心行，在做事過程中就不會被事業所轉。

或許有人會說，既然做事會做出那麼多問題來，還不如事不關己，高高掛起。但這樣就不能利益一切眾生，也不可能成就佛道。我們知道，菩提心的修行是非常積極的。如果不做事，菩提心根本無法調動起來，佛菩薩具備的品質根本無法成就。所以，必須通過修利他行來積累成佛資糧。關鍵在於，要以正確的發心來做事，並始終保持這份發心。只有這樣，我們才能在利益眾生的同時，於自身成就佛菩薩一般的品質。

我們應該感到幸運，能在學佛初期就了解到發心的誤區。當然，僅僅了解還遠遠不夠。如果不掌握用心要領並付諸實踐，即使知道也是白搭，因為凡夫心的力量太大了。所以，我們必須結合佛法中上乘的用心方法，對心行訓練下一番苦功，否則，明白了道理也無濟於事。

自我詭計多端，它會尋找各種藉口來調動凡夫心。我們的內心世界有無數頻道，有時我們明明打開的是這個頻道，卻會被另一個信號更強的頻道搶占。我們平時打開電視時也會遇到類似的現象。自我不僅信號強大，而且隨時都在伺機而動。在我們的內心深處，每種心所都像心靈的一個頻道，有的力量比較弱，有的力量比較強。哪種心所的力量最強，就會當仁不讓地主宰我們。其中最危險的是我執，因為它是無始以來形成的。所以修行最大的敵人就是我執，一旦徹底摧毀我執，其他煩惱就迎刃而解了。

如何在發心過程中避免落入凡夫心，是修行非常重要的環節，發心要領亦在其中。仔細分析起來，我們的內心世界十分複雜，即使在行善時，也很難保證是純粹的利他之心。當然，利他心應該是有的，同時我執也肯定會有，乃至貪心、是非心都很難避免。我們會分別應該利益哪些人，不該利益哪些人等等，其中有很多界限。可見，我們即使在行善時，凡夫心同樣會隨之啟動。若不引起警惕的話，凡夫心往往會逐漸占據主要地位，並最終取代當初的利他心，那我們成就的只能是凡夫心。只有發起純粹的利他心，才有可能成就佛菩薩的慈悲品質。

《金剛經》和《普賢行願品》告訴我們，真正的發心應該具備覺悟、利他和無限、無所得的特徵。我們必須以此為標準，時時檢查並調整自己的心行。首先要認識到發心的誤區，才能準確地發起菩提心，進而掌握修行要領。佛法雖然有不同體系，如大乘有唯識、華嚴、法華、涅槃、中觀般若等，但找到其中的核心就會發現，所有經論是在不同層面為我們提供幫助。唯識關於心理的分析，以及心靈運作規律的闡述，對我們認識發心幫助很大。佛法的究竟處是殊途同歸的，契入和修證的方法雖然不同，但歸結到根本是相通的。

三、如何正確發心

三藏十二部典籍都是圍繞心性展開，是在幫助我們解讀心性。如果我們不了解自己的心靈，不了解心靈的種種誤區，勢必無法正確發心。

佛教雖然也關心世界，但關心世界的最終目的，還是為了解決心性問題。因為我們的許多煩惱，都是因為對世界的錯誤認識而引起。世界和我們的心，究竟是一還是二？在一般人的眼中，心是心，世界是世界，二者似乎沒有太大關係。因為我們認為心與世界為二，從而使心落入二元對立的執著中。

修行中有兩個最大的敵人，即能執和所執。關於能所二執，唯識宗為我們闡述得非常清楚：遍計所執是生命從無限落入有限的開始，當我們超越遍計所執時，就能從緣起現象的當下契入空性。真理的世界因為這種執著，就成了凡夫的世界。如果我們認識到「一切唯心造」的道理，就可以從這樣的認知中契入空性。因為一切現象都是心的顯現，和心是一體的。這是學習唯識必須了解的基本理念。

古往今來，各種宗教層出不窮，佛陀在世時就有九十六種外道。為什麼其他宗教不能開大智慧、契入空性呢？原因就在於認識上的錯誤，因為他們把不是真理、不是空性的東西當作諸法的真實相，是不同程度地停留在我法二執中，執著於某一種我，或某一種法，所見到的並不是事物本來面目。

對心性的正確認識，於修行來說至關重要。只有了解到這一層面，我們才能明確知道發心應該從哪裡開始。正確的發心主要有兩種，即出離心、菩提心。

1．出離心

什麼是出離心？很多人發心出家時，迫切地想從家中離開，迫切到一天都等不及了，那一刻的心態就是出離心。世間的家庭離異，雙方迫不及待地想要分手，一心盼著越快解決越好；再或者，我們在某地待得厭倦了，不想再看一眼，多待一天都是折磨，那種迫切希望分手或離開的心，也是出離心。至於出到哪裡，當然是另一回事，這裡只是說明希求出離的心態。

我們不妨反省一下，自己學佛、出家、追求解脫，是否時刻保持著這份出離心？很多人剛出家時可能會有，但時間長了，出家逐漸演變為另一種生活方式，不過是換個地方過日子。這並不奇怪，從心理學上說，人有一種習慣性的麻木。對於某種狀態熟悉了，就會逐漸失去感覺。

我們平常看到死人，尤其是身邊的親人去世，馬上會提起對死亡的警覺。但那些殯儀館的工作人員，把屍體扔到電爐裡，可能和燒老虎灶差不多。這種事一般人多半不敢做，把一個曾經活生生的人推進去化成灰燼，的確是很難下手的事。但他們每天都要面對那麼多冰冷僵硬的屍體，對死亡不再有任何恐懼和警覺。再比如，每個病人都對自己的病情看得很重，但醫生每天要治療一批批病人，病人認為再重要的病，在醫生眼中也不過是千萬患者中的一例，不會引起和病人同樣的重視。這些都屬於習慣性麻木。

出家對很多人來說也是一樣。出家時間長了，很容易把寺院當作過日子的環境，只想著營造一個把日子過好的氛圍。所以佛陀告誡比丘們，要時常憶念生命在呼吸間，一息不來就是來生。這樣才會對死亡保持警覺，不再貪戀安逸的生活。

如果我們真正意識到無常是那麼迫切，意識到無常就在眼前，還敢散亂、妄想、追名逐利嗎？還有時間去忙這些身外事嗎？我們就會自覺地「如救頭燃」般精進，保持對修行的緊迫感，不敢有絲毫鬆懈。如果我們的心時時處於一級戒備狀態，修行就很容易相應。

發起出離心，是出家修行的基礎。那麼，究竟是要出離什麼呢？就是對生死的出離，對世間的出離，對五欲六塵的出離。真正的出離包括兩個方面：一是外在的出離，一是內在的出離。外在的就是五欲六塵，內在的就是對五欲六塵的貪著及由貪著引起的凡夫心。所以我們要出離的不僅是環境，更是自身的凡夫心。事實上，出離環境的目的，正是為了出離對環境的貪著及由此引起的凡夫心。我們只有擺脫凡夫心，才能契入空性，解脫煩惱。

出離凡夫心，首先不能對世間有絲毫貪著，這是關鍵所在。阿含教法告訴我們，在認識上應以觀苦為第一要領。苦是佛教出世解脫的基礎，觀人生是苦，進而認識無常、空、無我，是發起出離心的幾個基本認知。

而在行為上，則應依戒、定、慧修行。我們無始以來養成了貪嗔痴等種種串習，每種煩惱串習都在設法主宰我們。我們必須通過戒的力量阻止它，不讓煩惱有可乘之機。所謂定，即通過某個所緣將心安住其上，比如修數息觀、不淨觀，將心安住於數息或觀想不淨，使妄想不再活動。然後再修習無常觀、無我觀，引發無漏智慧，將煩惱、執著徹底剷除。

所以說，發起出離心之後必須懂得怎麼保持，並使它的力量不斷壯大，直至最終成就。否則的話，即使發起出離心，不久也會被凡夫心取而代之。當我們發起猛利的出離心時，凡夫心會暫時避一避。但只要我們稍稍鬆懈，它立刻會捲土重來。我深深體會到，修行必須像勇士般精進，否則很難有重大突破。當然，用心上的勇猛並不是非常強烈的作意。雖然開始時需要作意，但更主要的是指不鬆懈。如果長時間地過分用力，不但容易疲倦，還會落入作意的誤區中。所以關鍵是懂得怎麼用心，否則用錯了力，勇猛精進也會出問題的，所謂欲速則不達。

發起出離心的最終目標是解脫生死。在現代社會，修行確實比過去困難，因為整個社會的誘惑太多，出家人的事務也太多。對於多數人來說，開始修行時很容易受到環境的影響，所以對環境的要求非常嚴格。過去的出家人多半隱逸於山林，過著純粹的修行生活，除了需要極少一點資養色身的衣食外，主要精力都用於證道。相比之下，我們今天的修行環境很嚴峻，修習解脫道的難度要大得多。

所以，今天的修行可能要採用一些比較猛利的方法。換句話說，就是時間短、見效快，立刻就能截斷眾流。在佛法修行中，確實有這樣的方法，可以讓我們在較短時間內上路。而且在上路之後，立刻使我們保持在無念、無住、無所得的狀態中。在今天，我們有必要尋找這些用心的方便，修行才更有把握。如果像古人那樣，必須坐上十年、二十年才有些起色，現代人是很難修起來的。因為沒有單純的氛圍，我們在修行中取得的一點點進步，往往還抵不上外境造成的傷害。

儘管不少人每天會拿出兩小時或更多時間來念佛、誦經、禪修，但其餘十幾個小時往往還是在念貪嗔痴。我們用作意培養起來的正念還非常弱，根本抵擋不住無始以來的串習。這就是很多人雖然也在修行，但煩惱習氣依然如故的原因。

如果修行是建立在凡夫心的層面，出現這些現象再正常不過。因為我們現在培養起來的正念是建立在意識層面的，想以此抵擋無始以來的煩惱妄念，力量如此懸殊，怎麼可能取勝呢？就像嬰兒和壯漢搏鬥一般，結果是不言而喻的。認識到這個心行規律，我們就很容易理解，為什麼很多人的修行無法達到預期效果。

2・菩提心

出離心只是修行的基礎，進而還要發起菩提心。出離心的發展有兩種情況：一是強烈的個人出離，只追求涅槃解脫，屬於趣寂聲聞；一是從出離心開始，然後回小向大，發起菩提心。出離心是對世間貪著的出離，正是菩提心建立的基礎。而菩提心具有的無住、無所得的特徵，與出離心是相應的。兩者的區別在於能否推己及人，由個人解脫而發願利益眾生，共證菩提。

菩提心具備兩個內涵：一是廣泛利益眾生，一是追求無上佛果。兩者是否存在先後順序？在發心過程中，我們究竟以利益眾生為先，還是以成佛為先？是為了成佛才去度眾生，還是為了度眾生才成佛呢？在這個問題上有一些不同的觀點。

對大多數學佛者來說，可能首先想到的是「我要成佛」，然後為了成就佛果去利益眾生。也就是說，度眾生是為了「我」的成佛。但菩薩在利益眾生的過程中，不應將自己視為眾生的恩人，而要將眾生視為自己的恩人。這是因為，唯有利他才能使我們成就慈悲品質和菩提資糧。《普賢行願品》告訴我們：「一切眾生而為樹根，諸佛菩薩而為華果，以大悲水饒益眾生，則能成就諸佛菩薩智慧華果。」明確指出了佛菩薩和眾生的關係，以眾生作為成就慈悲的增上緣。

即使我們具備佛菩薩一樣的生命品質，這顆種子也要通過利益眾生才能成熟，而且是純粹的利他。只有發心達到這個份上，才能圓滿內在的慈悲品質。如果其中還夾雜著凡夫心，只能成為調動慈悲的前奏，甚至可能「差之毫釐，失之千里」。同時，我們還必須將發心積累到一定的量，才能使菩提心完全啟動。這個訓練可能要通過百次、千次、萬次，乃至千萬次的重複。我們要每天這麼想、這麼做，通過不斷的心靈類比和訓練來強化它。一旦發心的質和量都具足了，我們就和佛菩薩無二無別了。

但如果我們始終本著這樣一種心態，只是將度眾生作為成佛的方便，慈悲心是很難圓滿的。因為我們的目標在於「我要成佛」，有這個「我」在，很難保證在度化眾生時是純粹的利他心，甚而還會有利用眾生之嫌。

所以我覺得這種觀點有利有弊。有利的方面在於，當我們度化眾生時，可以明確知道自己為什麼要利益眾生：因為「我要成佛」就必須利他。而弊端則在於，未能真正對眾生生起「無緣大慈、同體大悲」，只是像生病必須吃藥一樣，將利他當作成佛的途徑和手段。如果停留在這種心態，慈悲心的純度肯定會受到不同程度的影響。

另一種觀點則是「為利有情願成佛」，也就是說，修行不是以成佛為目的，只是為了更好地度化眾生。就像同學們來到研究所進修，目的不是為了取得一個文憑，而是為了將來更好地弘法利生，荷擔如來家務。如果我們一切都是為了眾生，絲毫沒有夾雜其他成分，更容易達到佛菩薩的發心標準。當我們這樣發心時，佛菩薩品質已在生命中產生作用，當下就在某個層面和佛菩薩無二無別。這就是《華嚴經》所說的「初發心即成正覺」，換句話說，修行初始和最終結果在本質上並沒有區別。

在《華嚴經．初發心功德品》中，對於菩薩的初發心功德有詳細闡述。由此我們可以了解到，發心發到位時，功德之大簡直超乎想像。這是因為——菩提心就是成佛之心！

那麼，如何發起菩提心？或許有人會覺得很抽象，事實上，它有很多具體的操作方法。發菩提心的內涵是什麼？就是我要度眾生、我要成佛。這種「我要成佛」的心理，其實和「我要吃飯」是一樣的，只是所緣對象不同。當然，其中還有程度和純度的差別。比如「我要吃飯」，有可吃可不吃、很想吃和非吃不可之分。在某種意義上說，「我要成佛」的意願也與此相似。

問題在於，我們想吃飯時會很著急，想成佛時卻沒有那麼迫切。因為日常生活中的發心和「我要成佛」的發心，畢竟還有區別。我們想吃飯的話，馬上就可以吃。但想要成佛的話，怎麼才能成就呢？似乎無從入手。為什麼會出現這樣的情況？是因為我們不能真正認識到成佛的意義。所以，我們發心時還要有一個所緣境，也就是佛果功德。《華嚴經》等經論中，有大量經文說明佛果的功德。只有當我們認識到佛果功德的殊勝，認識到人生的意義在於成就佛果，才有可能發起強烈的菩提心。

在我看來，整個大乘經典闡述的修行方式，從菩薩的願力到菩薩戒，及大乘華嚴、般若的見地，所有這一切都是圍繞菩提心的成就而展開。只有通過發菩提願、持菩薩戒、行菩薩道，才能使菩提心發芽、開花並最終結果。所以說，菩提心既是修行的著力點，也是最終所要成就的結果。如果不發菩提心，我們的修行就無法找到立足點。

四、菩提心的殊勝

我們已經了解到，學佛的正確發心是發菩提心。但在佛教界，不少人僅僅將發心作為口號，卻不曾付諸行動。原因何在?我想，應該是對菩提心的重要性缺乏認識。

就我個人而言，過去對菩提心的認識也很膚淺。雖然時常會提到發心，可也和很多人一樣，並沒有真正落實到行動中。自從接觸《華嚴經・初發心功德品》後，深為菩提心的力量所震撼。回顧多年所學，並進一步翻閱大乘經論，才真切意識到發菩提心的意義所在。

1・菩提心的殊勝

和許多大乘經典一樣，《初發心功德品》亦以校量的方式來闡述發心功德。經中運用了十一個比喻，分別為:利樂眾生喻、速疾步剎喻、知劫成壞喻、善知勝解喻、善知諸根喻、善知欲樂喻、善知方便喻、善知他心喻、善知業相喻、善知煩惱喻、供佛及生喻。

本品主講者為法慧菩薩，當機者為天帝釋。經文開篇，天帝釋即向法慧菩薩詢問:菩薩初發心功德究竟多大?法慧菩薩首先以利樂眾生喻說明，經文大意為:假使有人以一切樂具(能為眾生帶來利益安樂的物質資生用品)，供養十方世界中多達十阿僧祇的眾生，歷經百劫;然後教化他們修習十善道，以此法供養歷經千劫;然後教化他們修習四禪，長達百千劫;然後教導他們修習四無量心，長達億劫;然後指導他們修習四無色定，長達百億劫;然後指導他們依解脫道修行，令得須陀洹果，長達千億劫;然後又指導他們修行，令得斯陀含果，長達百千億劫;然後指導他們安住阿那含果的修行，長達那由他億劫;然後指導他們阿羅漢果位的修行，長達百千那由他億劫;然後又教化他們成就辟支佛道的修行。

法慧菩薩以一系列比喻說明後，反問天帝釋：佛子！你看此人功德有多大？天帝釋答言：此人功德實非凡人可以想像，唯有佛陀才能知曉。

法慧菩薩接著說：此人功德雖不可思議，但比之於菩薩初發心功德，卻不及百分之一、千分之一、百千分之一乃至優波尼沙陀分之一。換言之，菩薩初發心功德超過以上功德的百倍、千倍、百千倍、優波尼沙陀倍。優波尼沙陀是梵語的數量單位，為最大的數量詞。

接著，法慧菩薩又連續演說十個比喻，層層遞進，以此校量菩薩初發心的功德。在這十個比喻中，後後功德勝於前前。故每一喻皆以「且置此喻」作為開端，捨置前前，更舉後後，以此標舉菩薩初發心功德之殊勝難思，至高無上。

了解到初發心的殊勝功德，我們在心嚮往之的同時，或許會產生一絲疑惑：菩薩初發心為何具有如此功德？究竟與凡夫、二乘人的發心有何不同？針對這一疑問，法慧菩薩進一步作出說明：天帝釋！一切諸佛初發心時，不僅以一切資生用具供養十方世界中一切眾生；也不僅教化眾生修習五戒、十善，修習四禪、四無量心、四無色定，並幫助他們獲得須陀洹果、斯陀含果、阿那含果、阿羅漢果、辟支佛道。初發心菩薩並不以此為滿足，更在此基礎上，發心令如來種性不斷並傳播到所有世界，發心度化一切眾生成就佛道。

從中我們可以看出，菩薩初發心與凡夫、二乘人發心的根本區別，在於前者是以無限之心行廣大善行，而後者卻是有限的。此處所說的有限包含兩個方面：一是數量有限，儘管「十方十阿僧祇」這個數字已大得難以想像，但畢竟還是有限的；二是成就有限，無論以資生用具令眾生獲得安樂，還是指導他們成就聲聞四果乃至辟支佛道，皆是有限有上的果位，非為無限無上的佛果。

從有限的發心出發，度化有限的眾生，成就有限的果位，最終成就的功德必然是有限的。再多的有限相加，不過是更多、更大的有限，絕不能和無限相比。而菩薩之初發心，是以無限的眾生為利益對象，以無上的佛果為成就目標。

或許有人會感到不解：眾生如微塵般數不勝數，諸佛菩薩可能度盡嗎？久遠劫來，已有無量諸佛成就佛道，若諸佛皆須度化一切眾生後方證菩提，為何還有無數眾生沉溺於生死輪迴之中？眾生並未度盡，而諸佛已然成就，此又作何理解？

我們要知道，菩薩發心度化一切眾生成就佛道，並不意味著要等眾生全體成佛之後，功德才能圓滿。若是如此，恐怕無人能成就佛道。因為眾生是無限的，而佛菩薩之出世度眾生，還需因緣具足。唯有眾生自身的善根福德因緣成就了，佛菩薩才有能力度化他，否則也是枉然。

如果菩薩發心度脫一切眾生，並在修行中逐漸成就這一發心，那麼，當他能對一切眾生生起無限、平等的慈悲時，也就圓滿了諸佛具有的心行和品質，當下便與佛無二無別了。反之，若在其心目中還有一個眾生被厭棄，菩薩就不能圓成無上佛果，因為他的慈悲心還不徹底。

在教界廣為流傳的《普賢行願品》，正是普賢菩薩為我們成就諸佛無量功德所提供的修行捷徑。其核心內容為普賢十大願王：一者禮敬諸佛，二者稱讚如來，三者廣修供養，四者懺悔業障，五者隨喜功德，六者請轉法輪，七者請佛住世，八者常隨佛學，九者恆順眾生，十者普皆迴向。以上內容似乎也很平常，多數佛教徒都不會感到陌生，卻歷來被尊為「願王」，原因何在？

《行願品》出自《華嚴經》，其修行立足於華嚴境界之上。這一點，主要表現在每一願的開端和總結。如「禮敬諸佛」，其始為「所有盡法界、虛空界，十方三世一切佛剎極微塵數諸佛世尊，我以普賢行願力故，深心信解，如對目前」，其終為「虛空界盡，我禮乃盡；以虛空界不可盡故，我此禮敬無有窮盡。如是乃至眾生界盡，眾生業盡，眾生煩惱盡，我禮乃盡；而眾生界乃至煩惱無有盡故，我此禮敬無有窮盡。念念相續，無有間斷，身語意業，無有疲厭」。

「禮敬諸佛」，似乎多數學佛者都會。但一般人從狹隘的凡夫心出發，禮敬的內涵亦很狹隘。而在普賢菩薩的廣大行願中，是以盡法界、虛空界、十方三世一切諸佛作為禮敬對象，並且不是禮敬一天、一年乃至一生，而是盡未來際永不間斷。縱使海枯石爛，虛空界盡，亦恆常依普賢行願修持禮敬法門。

其餘九願的境界，皆亦如是。從中我們可以了解到，普賢行願之所以被尊為願王，關鍵就在於它立足於無限，以無限之心行無限善行。禮敬諸佛是以一切諸佛為所緣，度化眾生同樣是以一切眾生為所緣，並且都是盡未來際。在對象上是無限的，沒有任何一個眾生被排除在外；在時間上也是無限的，既沒有停息之時，也沒有結束之日。

依《華嚴》的見地發心、修行，是以無限為起點，而「無限」二字，正是菩薩初發心功德不可思議的關鍵所在。依有限的發心，即使做再多的利生事業，成就終歸是有限的。若欲成就佛果的無量功德，必須建立於無限的發心之上。我們知道，任何數字乘以無窮大之後，結果必然是無窮大。同樣的道理，以無限之心修持善行，所行雖然有限，所獲乃是無限。所以，若初發心菩薩以無限之心行利生事業，便能於念念中成就無限功德，圓成佛道資糧。

2・菩提心是入大乘門

如何區分大乘與小乘？很多人都以為，修學大乘經典便是大乘行者，修學小乘經典便是小乘行者，卻極少從自身的發心來考量。漢傳佛教為大乘，因而，中國佛教徒多以大乘行者自居，似乎這一身分是理所當然的。

何為大乘？宗喀巴大師在《道次第》中說：「佛說有波羅蜜多乘及密乘二種，除彼更無餘大乘矣。然此二由何門而入耶？唯菩提心是。此於身心何時生起，雖其他之任何功德未生，是亦住入大乘。」這裡，以菩提心作為衡量是否大乘的標準。唯有發起菩提心，方為大乘行者。反之，即使證得空性，成就種種功德，也只是自度的聲聞行者。

菩提心和空性慧為佛法修行的兩大內涵，如鳥之雙翼，缺一不可。《道次第》云：「如是無上菩提心者，是佛苗因中如種子之不共因，通達空性之慧者，如水糞等，是三種菩提之共因也。」明確告訴我們：空性慧乃成佛之共因，菩提心則為成佛之不共因。所謂共因者，即三乘聖者皆依空性慧而成就，為三乘修行之母。所謂不共因，是因為三乘之中，唯有菩薩道修行才必須具備菩提心。換言之，發起菩提心之後才是真正的佛子，是合格的大乘行者。

但在漢傳佛教的傳統中，似乎更重視空性慧。教下行者通過數十年的修學，主要是為了獲得正見，並依此修習止觀，證悟空性。宗下更重視見性，以此作為根本目標，似乎見性便可囊括修行的一切。或許是因為對空性慧的特別偏重，所以，雖有不少大乘經教都強調六度四攝的菩薩行，但並未引起四眾弟子的普遍重視，將之落實於真修實履的更不多見。

菩薩行是菩提心的具體實踐。事實上，因為忽略了大乘佛教建立的基礎——菩提心，相當一部分人的行持早已落入小乘乃至人天乘。既沒有慈悲眾生的濟世情懷，更沒有捨我其誰的擔當精神。他們也許從未思考過：作為一個大乘行者，究竟應當成就怎樣的品質？這一流弊，使得很多人的修行更接近於超然出世的解脫道，而非積極利生的菩薩道。

五、菩提心的種類

菩提心是成就佛道之心，是利益一切眾生之心。佛果的無上菩提，正是菩提心的圓滿成就。關於菩提心的種類差別，大乘經論中有不同的歸納。

《入菩薩行論》中，分為願菩提心和行菩提心。論云：「略攝菩提心，當知有二種：願求菩提心，趣行菩提心。如人盡了知，欲行正行別，如是智者知，二心次第別。」

在《顯揚聖教論》和《瑜伽師地論》中，分為世俗發心和證法性發心（勝義菩提心）。《顯揚聖教論》云：「此受發心復有二種：一、世俗發心，二、證法性發心。」

《瑜伽師地論・攝抉擇分》則開為十種，其中，主要有世俗菩提心和勝義菩提心之分：「謂世俗受發心，得法性發心；不決定發心，決定發心；不清淨發心，清淨發心；劣發心，強盛發心；未成果發心，已成果發心。世俗受發心者，謂諸菩薩未入菩薩正性離生所有發心。得法性發心者，謂諸菩薩已入菩薩正性離生。」

綜合起來，大致可歸納為願菩提心、行菩提心和勝義菩提心。

1．願菩提心

所謂願菩提心，是關於菩提心的願力。學佛首先要發願，也就是通常所說的立志。「志當存高遠」，志向越高，成就也就越大。發菩提心不是空洞的口號，怎樣才能體現我們的菩提心？最基本的表現方式就是發願。

《瑜伽師地論．菩薩地．發心品》說：「菩薩最初發心於諸菩薩所有正願，是初正願普能攝受其餘正願，是故發心以初正願為其自性。又諸菩薩起正願心求菩提時，發如是心，說如是言：願我決定當證無上正等菩提，能作有情一切義利，畢竟安處究竟涅槃，及以如來廣大智中。如是發心定自希求無上菩提，及求能作有情義利，是故發心以定希求為其行相。又諸菩薩緣大菩提，及緣有情一切義利，發心希求，非無所緣，是故發心以大菩提及諸有情一切義利為所緣境。」

這段經文包括了發心的自性、行相、所緣。自性指菩薩最初發起的正願，即「願我決定當證無上正等菩提，能作有情一切義利，畢竟安處究竟涅槃」。這是以希求無上菩提及利益一切眾生的願力，為菩提心的自體。願菩提心代表菩薩修行的開始，也是修習菩提心的初級階段。

願菩提心是一種願望，其心行特徵，是以希求為行相，以利益一切有情及無上菩提為所緣。希求是極為普通的心行，我們每天都生活在種種希求中：希求可口的飯菜，希求豪華的住宅，希求舒適的環境等等，然後會為了滿足種種希求而努力奮鬥。佛法修行也是從希求開始，所不同的是，我們現在希求的不是金錢地位、衣服飲食，而是無上菩提及利益一切眾生。區別只是在於希求內容，是由希望個人得益轉而希望利益大眾。這種不同的希求，決定了截然相反的兩種人生方向——一是解脫成佛，一是繼續輪迴。因為菩提心是以無上菩提及利益一切眾生為所緣，當我們緣這兩點希求付諸行動時，便踏上了成佛之道。

所以，發心之後的首要問題便是發願，將菩提心轉化為精進不退的願力。十方三世諸佛的成就，正是我們修行的最佳榜樣：阿彌陀佛在因地名法藏比丘，因親近世自在王佛聽聞佛法而發無上菩提之心，希望成就莊嚴的佛國淨土，以此利益眾生。乃向世自在王佛請教。世自在王佛為法藏比丘演示二百一十億諸佛剎土，使其了解這些國土中天人之善惡，國土之粗妙。法藏比丘觀看之後，以五劫思惟，方形成極樂世界的藍圖及四十八願的構想。於是，法藏比丘於世自在王佛前發四十八大願，由此而有西方極樂世界及阿彌陀佛的成就。

菩薩道修行有大悲、大智、大願、大行四大內涵，代表人物分別是大悲觀音菩薩、大智文殊菩薩、大願地藏菩薩和大行普賢菩薩。《地藏菩薩本願經》記載：「地藏菩薩摩訶薩於過去久遠不可說不可說劫前，身為大長者子。時世有佛號曰師子奮迅具足萬行如來，時長者子見佛相好，千福莊嚴，因問彼佛：作何行願而得此相？時師子奮迅具足萬行如來告長者子：欲證此身，當須久遠度脫一切受苦眾生。文殊師利，時長者子因發願言：我今盡未來際不可計劫，為是罪苦六道眾生廣設方便，盡令解脫，而我自身方成佛道。」惡道眾生無量無邊、難以窮盡，地藏菩薩卻毫無畏懼，勇於擔當，甘願將他們度盡之後方證菩提。這是何等令人震撼、令人感佩的願力。因地藏菩薩於師子奮迅如來前發如此大願，歷經百千萬億那由他劫，仍以菩薩的身分出現，廣度眾生。

此外，我們熟悉的東方藥師琉璃光如來、觀音菩薩、文殊菩薩、普賢菩薩，皆於因地發起廣大誓願。這些願力有著共同的特點，那就是利益一切眾生。對於凡夫來說，總是為個人利益奔忙：我要成就什麼，我要得到什麼。但佛菩薩的願力是以利他為核心，每一願皆從利益眾生出發。不論阿彌陀佛的四十八願，還是藥師如來的十二大願，普賢菩薩的十大願王，無一例外。

我們經常念誦的四弘誓願，則是對菩薩願力的高度概括，可以說是菩薩行者的通願。「眾生無邊誓願度，煩惱無盡誓願斷，法門無量誓願學，佛道無上誓願成。」對於無量無邊的眾生，我們要發願救度；對於無始以來的煩惱，我們要決心斷除；對於諸佛開顯的法門，我們要精進修學；對於至高無上的佛果，我們要努力成就。所有這些願望，都屬於願菩提心。這是何等廣大的悲心和宏願。

或許有人會覺得，那是諸佛菩薩的境界，我等凡夫如何能望其項背？我們要知道，諸佛初發心時亦未成就，也和我們一樣身為凡夫。他們發願之後，也並未立即成為佛菩薩，而是歷經長劫修行，難行能行，方圓證菩提。他們若不曾邁出最初一步，如何能成就無上菩提？如果我們遲遲不邁出這一步，也將永遠停留於凡夫的身分。

學佛，歸根到底是學佛所行。諸佛菩薩的修行始於發願，我們亦當如是仿效，將希求無上菩提和利益眾生作為人生目標。能否真切地生起這種殊勝希求，取決於我們的認識程度。倘若我們對此只有泛泛的認識，自然無法發起懇切殷重之心。唯有深深意識到這是生命的唯一出路，才能生起強烈的希求。

但發願僅僅是修行的開始，如果發起後不再憶念它、鞏固它，這一念心可能很快就會淡化甚至消失。因為發願只是在生命中播下一顆菩提種子。與無盡生死中形成的凡夫心相比，它的力量實在微不足道。如何令這顆種子的力量壯大？大乘經論中關於菩提心的修法值得我們借鑑。

發菩提心，是修行的頭等大事。因此，發心後應以莊嚴的受持儀軌和誓言，將這份願心確定下來。

行者在阿闍黎前右膝著地，合掌而發其心念云：「阿闍黎存念，我某甲於此生及餘生，施性、戒性、修性，所有善根，自作教作，見作隨喜。以彼善根，如昔諸如來、應、正等覺及住大地諸大菩薩，於其無上正等菩提如何發心，我某甲亦從今時乃至菩提，於其中間，於無上正等廣大菩提而為發心。諸未度有情為令得度，諸未解脫為令解脫，諸未出苦為令出苦，諸未遍入涅槃為令遍入涅槃。」如是三說。

受持菩提心之後，為令已發願心恆不退轉，應晝夜各念誦「諸佛正法賢聖僧，直至菩提永皈依，我以所修諸善根，為利有情願成佛」三次，每次三遍。通過受持和念誦的反覆薰習，菩提心將在生命中薰下堅固的種子。受持者越虔誠，受持氣氛越莊嚴，所薰種子的力量就會越強大。心行是需要因緣滋潤的，時刻執我，會使我執念念增長。同樣的道理，不斷憶念菩提心的殊勝，就是不斷為我們播下的種子澆水，會使願心的力量與日俱增。

我們必須明確，發菩提心的行相是希求，所緣是無上菩提及利益一切眾生。若以財色名食睡為希求、為所緣時，便落入了凡夫心；若我們只想利益少數眾生或自己的親人時，也與菩提心差之甚遠了。所以我們應時時告誡自己，以希求無上菩提和利益一切眾生為人生唯一目標。

2．行菩提心

所謂行菩提心，是將誓願轉化為行為。當我們有了利他的願望，需要將此落實到行為上。整個菩薩道修行都屬於行菩提心的範疇，內容主要是六度四攝。六度為布施、持戒、忍辱、精進、禪定、般若。經論中亦有十度之說，即在六度之外加上方便度、願度、力度、智度。四攝為布施、愛語、利行、同事。

從名稱看，菩薩行似乎並沒有多少奇特之處。從人天乘到解脫道的修行中，都有這些內容。那麼菩薩道的六度四攝，其不共之處又在哪裡呢？關於這個問題，《辯中邊論．無上乘品》提出了十二種最勝，以顯示大乘行者所修六度的殊勝。

十二種最勝的內容是：菩薩修習六度，終不欣樂一切世間榮華富貴，志向廣大（廣大最勝）；以無數劫的時間修習（長時最勝）；普為利樂一切有情（依處最勝）；迴向無上正等菩提（無盡最勝）；認識到自他平等（無間最勝）；於一切有情所修善法深生隨喜（無難最勝）；以虛空藏等三摩地為依（自在最勝）；無分別智之所攝受（攝受最勝）；在勝解行地上品忍中發起（發起最勝）；在極喜地中成就勝義菩提心，發起無漏行（至得最勝）；第八地（等流最勝）乃至佛地（究竟最勝）。

關於菩薩道修行，在唯識宗的本論《瑜伽師地論．菩薩地》中，通過施品、戒品、忍品、精進品、靜慮品、慧品、攝事品，對六度四攝的修行差別作了廣泛而細緻的闡述。其中的「戒品」，即大家所熟悉的「瑜伽菩薩戒」，由玄奘三藏單獨譯出，在佛教界廣泛流傳。

瑜伽菩薩戒的內容，包括攝律儀戒、攝善法戒、饒益有情戒三部分。攝律儀戒，是菩薩所受的七眾別解脫律儀，偏向於止惡，止一切惡，無惡不止。攝善法戒，謂身口意所作善法及聞思修三慧，著重於修善，修一切善，無善不修。饒益有情戒，指菩薩修習的一切利他行，如慈悲喜捨四無量心等。

瑜伽菩薩戒的完整內容為四重四十三輕，是根據六度四攝，以及利他中容易產生的障礙制定規則，保證利他行的穩定性和持續性。也就是說，不僅將止惡作為準則，也將行善以戒律條文固定下來，讓行者知道「我必須為利益眾生做些什麼，又該怎樣去做」。否則的話，凡夫心會有種種懈怠的藉口。尤其在利他和個人利益暫時出現衝突時，我執會本能地對利他產生抗拒，這就需要一些強制性的規則，使自己無法迴避。

其中，依障布施度建立的有七條，依障持戒度建立的有七條，依障忍辱度建立的有四條，依障精進度建立的有三條，依障靜慮度建立的有三條，依障慧度建立的有八條，依障四攝建立的有十一條。如果說六度比較偏向自利的圓滿，那麼四攝更偏向利他的修行——以布施饒益有情，以愛語開導其心，以利行幫助他人，以同事感化眾生。相對自利來說，利他還特別需要注意與人交往的善巧，必須以對方樂於接受的方式給予幫助，否則就不能達到預期效果，甚至會適得其反，使對方產生牴觸情緒。我們若依此檢驗自己的心態和行為，就能將菩薩行落實在日常生活中，而不僅僅停留在口號上。

特別要注意的是，六度修行中，般若度是根本所在，所謂「五度如盲，般若如導」。如果不依般若慧斷除凡夫心，所修布施、持戒、忍辱、精進、禪定很可能是世間善行，最終成就的，也只是人天小果，有漏之因。唯有在般若的指導下，布施等善行才能成為佛道資糧。因此，在修習六度的過程中，空性正見是不可或缺的。

般若與方便，為菩薩道的重要組成部分。正如《略論》所說：「方便與慧，隨學一分，不能成佛。」《大日經》亦云：「彼一切種智，是從大悲之根本生，是從菩提心之因生，是以方便而到究竟。」佛果具有悲和智兩種品質。佛陀成就的大慈大悲，是以菩提心為因，通過布施等利他方便而成就。如果不發菩提心，即使像聲聞行者那樣成就空性慧，也只能使個人解脫，不能圓滿無上菩提。

行菩提心的修習，是建立在願菩提心的基礎上。依願心而有菩薩行，並通過六度四攝使願心得到增長。我們最初發起的菩提心，只是世俗菩提心，力量還很微弱。如果這顆菩提種子不能得到呵護和養育，或許很快乾枯。唯有全心全意地照料它，及時補充養分，為它創造良好的成長空間，種子才能成長為參天大樹。所以我們發菩提心之後，還要受持菩薩戒。這些廣大的菩薩行，正是菩提心的最佳養料。

除了瑜伽菩薩戒，在中國的弘揚主要還有梵網菩薩戒，出自《梵網經・菩薩心地戒品》，戒相有十重四十八輕。這兩種是通出家和在家的。此外還有出自《優婆塞戒經・受戒品》的在家菩薩戒，戒相有六重二十八輕。

3．勝義菩提心

雖然我們發願利益眾生並付諸行動，但對凡夫來說，這些願行仍是不究竟的。因為它們是建立在世俗心的基礎上，是有漏而有限的，也是充滿不平等的，故稱世俗菩提心。如何將有限的願心轉化為無限的慈悲？需要以空性慧提純並拓展，將發心過程中摻入的雜質逐步剔除。唯有通達空性，我們才能真正體悟到自己和眾生本是一體，才能對眾生生起佛菩薩那樣的無緣大慈、同體大悲。所以，勝義菩提心須證悟空性後才能發起，換言之，是初地菩薩才能做到的。

六、菩提心的發起因緣

如何才能發起菩提心？菩提心之根本為利他。但這個「他」，並非我們心目中特定的「他」，亦非我們喜愛的親人朋友，而是一切眾生。利益一切眾生，絕非易事。若是關起門來，在內心想像著利益一切眾生，相對還比較容易。因為其中沒有具體的眾生，不會涉及那些我們討厭的人。但現實中的眾生形形色色，其中可能有相當一部分是我們不喜歡乃至痛恨的，是平時避之尤恐不及的。但佛法告訴我們，應該對一切有情生起平等心，即使是我們的冤家仇人，即使他們曾經一而再、再而三地損惱我們，都要毫無芥蒂地平等相待。不僅如此，還要進一步對他們生起感恩之心，感恩他們成就我們的修行。對於大多數人來說，的確困難重重。

幾乎每個人都有自己特別關愛和在乎的人，比如父母眼中的孩子，青年眼中的戀人。為什麼不能將這份關愛和在乎遍及一切眾生？根源就在於我們的心。在我們現有的境界中，尚未具備關愛一切眾生的心。在我們心靈中產生主導作用的，通常都是情緒，而情緒又充滿好惡和不平等。在這樣一種心態下，可能做到冤親平等嗎？可能對眾生一視同仁嗎？即使表面能做一點，往往也非常勉強。

以平等覺悟之心利他，對心行的要求極高。但佛菩薩的品質正是這樣培養的，沒有第二條路可以選擇。面對這樣的困難和內心衝突，首先可以通過觀想，以相應的方便善巧來克服局限，啟動內心平等利他等正面力量。在我們的生命內在，本來具足佛菩薩一樣的心，具足佛菩薩一樣的無限大悲，關鍵是喚醒這種沉睡已久的心行，使之發揮作用。

菩提心也是緣起的，正如省庵大師在《勸發菩提心文》中所說：「此菩提心為諸善中王，必有因緣乃得發起。」菩提心乃一切善法中境界最高、能量最大的心行，其成就也最為圓滿。但這種善法並非憑空而有，同樣依賴於各種因緣的和合。關於菩提心的發起，通常有以下幾種途徑。

1・七因果

《修心七要》中，阿底峽尊者為我們講述了七因果的修法，從知母、念恩、報恩、修慈、修悲、增上意樂進入菩提心。其中，知母、念恩、報恩是菩提心發起的前奏，而修慈、修悲屬於菩提心的內涵。

所謂知母，是將一切眾生視為自己的生身母親。眾生無始以來都曾是我們的骨肉至親，或為父母尊長，或為兄弟姐妹。正如《梵網經》所說：「一切男子是我父，一切女人是我母。」此外，很多佛教經典都曾論及這種關係。但對現代人來說，「知母」能否使人生起報恩心很值得懷疑。相當一部分人，對今生的母親都不願孝順奉事，更何況過去的父母？也許有人覺得，把一切眾生當作兒女，效果也許會更好，因為絕大多數人對兒女都關懷備至，疼愛有加。佛經中也有類似的教導，言菩薩應將一切眾生當作獨生子般看待。但此處為何強調「知母」呢？因為後面還涉及「念恩」、「報恩」。人們對兒女的喜愛是本能的，是出於天性，但我們不可能對一切眾生同樣生起天性的喜愛，所以還是要「知母」。將眾生視為母親，是菩提心修法的開始，也是關鍵。

所謂念恩，是憶念母親對我們的養育之恩。從十月懷胎開始，不僅給予我們色身、哺育我們成長，更在整個成長過程中悉心照料，付出難以計數的辛勞和關愛。我們在如是觀想時，應當經常誦一誦

《父母恩重難報經》，其中詳細闡述了父母的恩情。

父母恩重如山，我們又怎能知恩不報呢？不僅要對今生的父母生起報恩心，也要對生生世世的父母生起報恩心，還要對一切如母有情生起報恩心。無始以來，所有眾生都曾做過我們至親的父母，不僅包括人類，也包括所有一切不同生命形態的有情。

然後是修慈，慈即與樂之心。認識到父母對我們的恩情，就應盡力報答，使他們獲得快樂和幸福，也使一切眾生獲得快樂和幸福。唯有對一切眾生心懷感恩，慈心才能普及。修慈也是有善巧的，可以先從自己的親人、從自己喜歡的人開始修，逐漸過度到關係中等乃至漠不相干的，最後是冤家仇人，如是逐漸推廣至一切有情。按這個次第修習，可以一步步拓展我們的心量，在利他的同時改善自身心態。當我們心中能容納更多眾生時，狹隘的自我也在隨之瓦解。我們的心，正是由於我法二執而落入局限，變得狹隘而渺小。若能對一切有情生起慈心，就能掙脫二執束縛，回歸無限。

修悲，是拔除一切眾生的痛苦。苦有三苦及八苦之分，前者為苦苦、行苦、壞苦，後者為生苦、老苦、病苦、死苦、愛別離苦、怨憎會苦、求不得苦、五陰盛苦。從佛法觀點來看，一切眾生皆沉溺於苦海，即使暫享一時之樂，亦是長劫苦因。所以我們要生起悲心，發願將其從痛苦中拯救出來。同時還要積極住持並弘揚佛法，如果沒有佛法智慧的照耀，世間將變得暗無天日。這種「不忍眾生苦，不忍聖教衰」之心，也正是我們上求佛道、下化眾生的動力。

那麼，怎樣才能對眾生產生不忍之心？面對眾生的痛苦，我們時常熟視無睹，表現出事不關己的冷漠姿態。若是看到自己討厭的人遭受痛苦，甚至還可能幸災樂禍。這些都是修習慈悲過程中容易出現的問題。有時，別人來求法或求助，我們可能脫口而出就是「沒有時間」。為什麼我們更習慣拒絕而不是為他人提供幫助？正是因為我們對眾生的痛苦不能感同身受。甚至還會給自己找到冠冕堂皇的藉口：「我現在正忙著更重要的事。」

我執非常狡猾，當我們不想慈悲眾生時，它會找到各種開脫的理由，使我們心安理得地原諒自己的錯誤，輕易獲得心理平衡。事實上，有多少理由並不重要。重要的是，理由背後的動機是否為了利他？如果不是，再多的理由也不過是自欺欺人而已，只能將我們已有的錯誤變得更堅固，更隱蔽，更難以改正。由凡夫心轉入佛菩薩那樣的大慈大悲，不僅要以柔軟心對待眾生，深入體察其痛苦；更要以堅毅心對待自己，絕不以任何理由姑息自我的詭計。

修習慈悲心，一方面是在座上觀想。按藏傳佛教的要求，必須每日三次修習菩提心儀軌。修習儀軌和觀想的目的，都是為了長養這一心行。我們每觀想一次，慈悲的力量就在思惟中得到一次強化。在佛教修行中，可以用觀想力來轉換心念，因為修行所成就的並非客觀結果。如果我們要辨所學校，那麼客觀上的一所學校就是目標所在。但修行成果主要體現於內在轉換，其關鍵在於心行運作。

每天不斷觀想，是轉換心行的必要過程。依唯識原理而言，就是「種子生現行，現行薰種子」的過程。假如我們剛在座上修習了慈悲觀，再看到一個原本討厭的人，也不容易產生強烈的厭惡。即使沒能很好地控制心念，事後也比較容易意識到這一錯誤，因此感到慚愧。所以，座上修和座下實踐是相輔相成的兩方面。在座上修習菩提心儀軌的同時，還應在生活中不斷運用和調整。正如鑽木取火那樣，需要兩塊木頭持續摩擦，才能碰撞出慈悲和智慧的火花。

學佛的最高成就，正是菩提心的圓滿，慈悲的圓滿。如果說只修一法就能使我們成佛，那一定非慈悲莫屬。正如《華嚴經》所說：「虛空尚可量，菩提心難知，所以不可量，大慈無量故。」或許有人會問，佛果不是悲和智的成就嗎？為何只修慈悲也能成就？這是因為，圓滿的慈悲必然包含了智慧。若是沒有空性慧，慈悲就無法達至究竟的圓滿，無法擺脫雜染的凡夫心，只是有漏有限的世間善行。長期以來，對菩提心的弘揚往往側重於利他，未曾強調智慧和慈悲的關係。事實上，修習慈悲同樣離不開般若智慧的指導。倘若有悲無智，難免好心辦壞事。所以，我們應當同時長養自身的慈悲和智慧，不可有絲毫偏廢。

有了慈悲之後，應進一步生起增上意樂，即強烈的利他心。這是發起菩提心的引導力量，也是發起菩提心的殊勝因緣。

2．自他相換

除了「修心七要」，寂天菩薩的「自他相換」也是修習菩提心的重要教授。從理論上說，自他相換非常具有說服力。凡夫的特點是什麼？正是愛執自我，捨棄眾生，處處替自己著想，對他人漠不關心。我執源於無明，是與生俱來的力量，並在無盡生命延續中不斷得到滋養。所以這種執著幾乎貫穿一切心行，是構成凡夫人格的基本力量。

儘管在生命的某個層面，我們與佛菩薩是無二無別的，但目前的確還是凡夫，原因何在？正是無明和我執所致。一旦解決這兩點，我們就不再是凡夫了。所有的煩惱和惡業也源於此，我執處處替自己包裝，維護自身利益，想方設法地逃避一切於己不利之事。殺盜淫妄，哪一樣不是因為我的貪、我的嗔、我的痴？我們糾纏於貪嗔痴，無非是為了尋求快樂，絕不是為了製造痛苦，但最終卻給自己帶來無盡苦果。所以說，我執乃一切衰損之門。

那麼，我們建構並執著的「我」究竟是什麼？當我們說到所執時，首先會涉及能執，也就是意識行為。但意識執著的這一切，不論是思惟部分，還是身體部分，皆虛幻無常，無法找到固定的實質。生命的立足點何在？我們的安身立命處何在？我們執著的財富、家庭、事業都是暫時的，處於動蕩變化中。生命真正的立足點，一定不是意識所執著的，以「我」或「非我」皆不足以概括。可以肯定的是，意識設定的一切自我，絕對是錯誤的。可是這種錯誤設定，無始以來卻成為一切痛苦之源。我們設定了一個不穩定的對象，但作為自我來說，卻要竭力維護這個不穩定。將不穩定當作穩定來維護，又是何其辛苦？可嘆的是，我們始終都糾纏在這場毫無意義的奮鬥中，幾乎無人例外。學佛的首要目的，便是摧毀我執，阿羅漢正是因為超越我執，方能證悟涅槃，斷除煩惱。

自他相換的修行，雖是從凡夫心著手，但必須具備一個認識前提，那就是真切意識到「我執乃一切衰損之門，利他為一切功德之本」。這兩句話極為重要，諸佛菩薩之所以能解脫生死，成就無量功德，正是因為所思所行皆從利他出發。

利他似乎很平常，不少人都在做利他之事，包括許多沒學佛的人。但利他究竟達到什麼程度？如果以一百分來衡量利他的純度，諸佛的純度是一百，而凡夫的純度至多只有幾十乃至幾分，此外還夾雜著貪心、我執、我慢等種種煩惱。作為凡夫來說，即使在利他時，生起的慈悲往往還比不上其中夾雜的我執，或是對功德的貪著。

最單純的利他，才是最徹底的慈悲。其標準有二，一是達到三輪體空，一是以一切眾生為對象。

要做到這兩點，必須深刻認識到執「我」的過患。我執不僅力量強大，且善於偽裝。無論我們做什麼，哪怕最自私的事，往往也能找到體面的藉口，這正是我執的厲害之處。我們不妨反省一下，然後再觀察一下他人，會發現人們無論做什麼都能找到理由。做好事有理由，做壞事也有理由；有說得出口的理由，還有說不出口的理由；有應付他人的理由，有安慰自己的理由。所以，我們要善於揭穿自我的真面目。事實上，揭穿自我的把戲和陰謀，就像揭開自己見不得人的傷疤，痛苦是必然的。但我們別無選擇，必須果斷下手，否則仍會一如既往地被我執指使，一如既往地流轉生死。

利他不僅能成就慈悲，還能打破我執。如果我執很強烈，一定無法純粹地利他。當我們發心利他時，首先反對的一定是我執，製造障礙的同樣是我執。這也從反面證明，利他是摧毀我執的有力武器。

充分認識到執我過患和利他功德後，就有資格修習自他相換了。將愛著自己、保護自己、處處設法利益自己的心，轉而去利益眾生；將捨棄眾生、對眾生漠不關心、事不關己高高掛起的心，轉而用在自己身上。這就是自他相換的運作方式。如果我們能對有情生起自利那樣的利樂之心，菩提心的種子就開始萌芽了。進一步，是對所有眾生平等相待，沒有絲毫親疏之別，使利他心普及於一切。自他相換的修行，是引發菩提心的殊勝方便。只要我們踏踏實實地做，將逐步成就佛菩薩那樣的無緣大慈，同體大悲。

3．十種因緣

漢傳佛教中關於菩提心的教授，流傳最廣的，當推省庵大師的《勸發菩提心文》。其中談到菩提心的八相，即邪正、真偽、大小、偏圓。我們初發心時，很難立刻到位，這就需要時時審視，這一發心究竟是邪是正，是真是偽，是大是小，是偏是圓？每一種都有相應標準，使我們可以逐一對照，看看自己存在哪些問題，及時調整。

在《勸發菩提心文》中，省庵大師就如何發起菩提心，總結了十種因緣。如果我們時常思惟這些內容，會覺得發菩提心是人生的唯一選擇，除此而外，再沒什麼比之更有意義。十種因緣分別是：念佛重恩、念父母恩、念師長恩、念施主恩、念眾生恩、念生死苦、尊重己靈、懺悔業障、求生淨土、令正法得久住。

首先是念佛重恩。因為有佛陀宣說法要，才有佛法在世間的流傳，眾生才因此找到解脫之路。佛陀以大慈大悲之心，在四十五年中苦口婆心地說法度眾，我們如何才能報答這無比的恩情？必須發菩提心，「將此身心奉塵剎，是則名為報佛恩」。如果僅僅自了，是不足以報恩的。當然，前提是我們必須認識到佛陀之恩究竟有多深。這一認識又是基於對自身生命的強烈關注。若是我們沒有將見道及了脫生死當作一回事，就無法體會佛陀對我們的恩德，認識佛法對人生的意義。若是我們在人生旅程中上下求索，遍學世間所有哲學、宗教後仍未覓得解脫之道，最後因佛法而找到出路。對於這樣的人來說，才能真切體會佛陀之深恩。現代人聞法很容易，甚至坐在家裡，也能通過錄音、影片聽聞法師說法，不易生起稀有難得之心。事實上，聞法態度會直接影響到對法的受用。我們對法越珍視，受益會越大，反之亦然。

其次是念父母恩。養育之恩，無以為報。只有發起菩提心，才是對父母最好的報答。地藏菩薩在因地修行時，其母因邪知邪見，不信三寶，結果墮落惡道。地藏菩薩為救母發起大願，但他發願的當下，不僅使其母從地獄生到天上，也使當天處於無間地獄的所有眾生皆上生天道。可見發起菩提心之後，不僅能報答現世父母的恩情，還能報答多生累劫父母的恩德。否則的話，自己尚且沒有出路，又如何能報答父母深恩。

第三是念師長恩。在我們的成長過程中，因為有世間的師長，我們才能了解各種學問和道德；因為有出世的師長，我們才能聽聞佛法，明了解脫途徑。藏地對上師極其重視，確有其深意。上師不僅為我們傳授正法，還能指導我們將法運用於修行實踐。十方諸佛固然重要，但如果沒有上師為橋梁，我們也無法成為佛弟子，無法於佛生信，於法起修並受益。有證量的上師，本身就是佛法僧的象徵。通過對上師的恭敬，還能幫助我們摧毀我執，從恭敬中得到法的真實受用。如何才能報答師長之恩？也必須發菩提心，紹隆佛種。師長將修行之道傳授給我們，我們唯有認真繼承並弘揚，以此利益眾生，才是如法的報答。

第四是念施主恩。現代人謀生不易，整日為生計奔忙。活著是為了生存，生存是為了活著。作為出家人，我們不必為生存操勞，可以過著追求真理、追求解脫的生活，真是天大的福報。所以不論生活條件如何，都應該對三寶和社會大眾充滿感恩。如何報答十方信施為我們創造的修學條件？還是要發菩提心，精進修學，弘法利生。唯有這樣，才有福報消受十方信施。

第五是念眾生恩。一切眾生無始以來都曾和我們互為父母兄妹，都曾有恩於我們。但在生死流轉中，他們或墮於地獄道，或沉淪餓鬼道，或輾轉畜生道，即使有幸投身善趣，亦不能永久享樂，一旦福報享盡，必然墮落。如果我們只想著個人解脫，一走了之，於心何忍？想到眾生對我們的恩情，想到眾生的痛苦，我們唯有發起菩提心，以救度一切如母眾生為己任，上報四重恩，下濟三塗苦。如此，才能回饋社會，回饋眾生。

第六是念生死苦。在無盡生死中，我們什麼都曾經歷過，下過地獄，當過畜生，即使生而為人，也未必活得快樂。在過去的生命旅程中，我們可能像很多人那樣，不曾聽聞佛法，過得庸庸碌碌，迷茫困惑。我們一天又一天地蹉跎歲月，一生又一生地浪費時光。在生命洪流中，我們能把握的只有當下這一念，只有當下這個時刻，甚至明天都無法把握。我們能保證明天還繼續活著嗎？過去已然過去，我們無法把握；未來不曾到來，我們也無法把握。如何利用當下這一身分改善生命？唯一可做的還是發菩提心。當然，也可以發出離心。但只發出離心的話，就不能利益一切眾生，終非圓滿的發心。

第七是尊重己靈。我們或許不曾想到，自己和諸佛菩薩、歷代祖師本是無二無別的。在我們的心性中，和他們有著相同的層面。但他們已經成佛作祖，我們還在輪迴中流轉。我們本具無價珍寶，如今卻以乞討為生，如何對得起自家寶藏？基於對這一生命品質的重視，我們也應該發起菩提心。否則，永遠無法將此珍寶開發出來，只能任其湮沒。當然，聲聞人也開發，但不能完整開發。唯有發起菩提心的諸佛菩薩，才能徹底開發這一寶藏，圓滿發揮其所有功用。

第八是懺悔業障。懺悔的方式很多，最佳方式當推發菩提心。發菩提心之後，左右我們生命的便是菩提心而不是業障。我們知道，業是推動生命流轉的力量。我們現在的身分，便是一期業力形成的結果。所謂命運，也與業力息息相關，由引業、滿業構成生命的總報和別報，有一定規律可循。但命運又是可以改變的，一旦發起菩提心，命運將依循菩提心的軌道發展，不再隨著業力設定的方向漂流。因為菩提心乃諸善中王，其力量之猛，不可抵擋。發起菩提心，就已把握命運之舵。所以真正發起菩提心之後，不必再有任何顧忌，因為菩提心的力量能摧毀一切。全宇宙的力量有多大？而菩提心能將全宇宙的力量集於一念，還有什麼可以阻擋它？所以說，懺悔的最佳方式也是發菩提心。

第九是求生淨土。淨土行人以念佛求生極樂，事實上，往生淨土的最佳方法還是發菩提心。依菩提心修行，臨命終時，菩提願王能在一念間將我們推到西方淨土，成等正覺，然後根據自身意願前往十方世界說法度眾。正如《普賢行願品》所言：「又復是人臨命終時……唯此願王，不相捨離，於一切時，引導其前。一剎那中，即得往生極樂世界。到已即見阿彌陀佛、文殊師利菩薩、普賢菩薩、觀自在菩薩、彌勒菩薩等。此諸菩薩色相端嚴，功德具足，所共圍繞。其人自見生蓮華中，蒙佛授記。得授記已，經於無數百千萬億那由他劫，普於十方不可說不可說世界，以智慧力，隨眾生心而為利益。不久當坐菩提道場，降伏魔軍，成等正覺，轉妙法輪，能令佛剎極微塵數世界眾生發菩提心，隨其根性，教化成熟，乃至盡於未來劫海，廣能利益一切眾生。」

第十是令正法得久住。住持佛法，根本還是在於發菩提心。發心之後，我們的力量就取之不盡、用之不竭了。如果依凡夫心行做事，難免三心二意。今天想著度化眾生，明天又想還是自己閉關修行。這是出家人最容易出現的心態，這一刻是進，下一刻又想退。為什麼世人認為出家人消極？因為我們進退都能找到依據。佛法博大精深，似乎怎麼做都有確鑿的理由。之所以這樣，只是在不同修行階段的側重點不同罷了。如果我們發起菩提心，就應以能否利益眾生作為衡量標準。

經常思考這十大理由，可為發菩提心打下堅實的基礎。當我們全面審視生命之後，會看到發菩提心是唯一有意義的選擇。如果不是基於對生命的終極關懷，人生似乎可以有很多選擇，可以這麼發展，還可以那麼發展。但這些選擇都不是最究竟的，只有暫時的利益。為了一點眼前利益浪費暇滿人身，這個代價太昂貴了，我們付得起嗎？只怕想後悔時就來不及了。唯有發起菩提心，生命才能找到出路，才能從輪迴中徹底解脫出來。不僅使自己解脫，同時使一切眾生獲得解脫。

七、菩提心的特徵

凡夫的心靈世界中，每種心行皆有不同特徵：貪心有貪心的特徵，嗔心有嗔心的特徵，慢心有慢心的特徵。那麼，菩提心的特徵又是怎樣的呢？《華嚴經》告訴我們：「發菩提心者，所謂發大悲心，普救一切眾生故；發大慈心，等佑一切世間故；發安樂心，令一切眾生滅諸苦故；發饒益心，令一切眾生離惡法故；發哀愍心，有怖畏者，咸守護故；發無礙心，捨離一切諸障礙故；發廣大心，一切法界咸遍滿故；發無邊心，等虛空界無不往故；發寬博心，悉見一切諸如來故；發清淨心，於三世法，智無違故；發智慧心，普入一切智慧海故。」

此外，許多大乘經論皆從不同角度對菩提心的內涵加以闡述，內容極為豐富。根據我個人的修學心得，主要可歸納為以下幾點。若能把握這些要領，發心絕不會出現方向性的偏差。

1．覺悟

凡夫心之特點為不覺，又稱無明。因無明所惑，導致我法二執及貪嗔痴三毒，由此造作輪迴之業，所以十二緣起的第一支即為無明。凡夫因無明而念念不覺，我執生起時，因不覺而陷入我執的泥沼中；貪心生起時，因不覺而陷入貪心的捆綁中；嗔心生起時，因不覺而陷入嗔心的怒火中。不斷執著貪嗔痴及所緣影象，越陷越深，結果是長劫流轉。

菩提心則代表了覺悟的力量。正如《大乘本生心地觀經》所言：「自覺悟心能發菩提，此覺悟心即菩提心，無有二相。」凡夫和聖賢的區別，關鍵就在於迷和悟的一念間，「前念迷即凡，後念悟即佛；前念著境即煩惱，後念離境即菩提。」發起菩提心，標誌著有情生命的覺醒。這一覺醒驅散了無明長夜，照破了生死迷夢。菩提心的修行中，必須以覺悟為本，於念念中保持覺醒，觀五欲六塵為夢幻泡影，對貪嗔痴及凡夫心的顯現了了分明，不隨其轉。故《大集經》云：「云何名為發菩提心？了知貪性則名發心，若復了知嗔痴慳妒陰入諸界，無明行識名色六入，乃至生老病死大苦，是名發心。」可見，了知貪嗔痴的真相，也是發菩提心的重要內涵。

身為菩薩，不僅了知我執是一切過患之本，更了知利他乃成就功德之源。「菩薩」之稱，源自梵語菩提薩埵，意為覺有情。所以菩薩在自覺的同時，更以覺他為己任，以大慈、大悲、大喜、大捨之四無量心濟度眾生，共同邁向覺行圓滿的境地。

2・無我利他

凡夫心是執「我」的。生活中，人們最常想到的正是自己。一生都在為我的衣食住行、名利地位、事業財富而拚搏。然而，世間的一切煩惱痛苦、是非紛爭也無不因「我」而起。

無我，是佛法不共世間和外道的核心思想，佛教中列為三法印之一。無論聲聞乘還是菩薩道的修行，都建立在無我的基礎上。聲聞行者因了知無我而成就解脫，菩薩行者因通達無我而能全然利他。在發菩提心、行菩薩道的過程中，最大的障礙便是我執。因為凡夫心的特點是處處為「我」著想，這一習氣根深柢固。當我們發心利益一切眾生時，必然面臨和自我利益的尖銳衝突。唯有剷除前進路上的障礙，我們才能在菩提大道勇往直前。那麼，如何解除這一障礙？佛法告訴我們，我執乃無明所致，因不了解生命真相，或執著色身為我，或執著各種想法為我，或執著財產事業為我。若以般若智慧觀照，便能明瞭諸法皆因緣和合之假相，無常亦無我。

徹見「我」的虛幻不實，執我也就毫無意義，自他之間的鴻溝亦將不復存在。通達無我，才能徹底地利他；通過利他的修行，又能不斷瓦解我執。《金剛經》特別強調將無我見落實於修行中：「菩薩發阿耨多羅三藐三菩提心者，當生如是心，我應滅度一切眾生，令入無餘涅槃界。如是滅度一切眾生已，而無一眾生實滅度者。何以故？須菩提，若菩薩有我相、人相、眾生相、壽者相，則非菩薩。何以故？須菩提，實無有法，名為菩薩發阿耨多羅三藐三菩提心者。」類似的經文在經中多處出現，諄諄告誡發菩提心的行者，在修習菩薩道過程中，須以空性慧了知「無我相、無人相、無眾生相、無壽者相」，如此，才能成為合格的菩薩。

3．無限

凡夫心是有限的。其中的所有心理活動，皆來自生命延續中某些經驗的積累，亦有其特定對象。貪心有貪心的所緣，嗔心有嗔心的所緣，慢心有慢心的所緣，這些所緣必然是有限的。人們只會對喜樂之境生起貪著，不可能貪著一切；只會對不如意的對境生起嗔心，不可能嗔恨一切。

菩提心則不同，其所緣是無限的。發起菩提心，是以十方一切眾生為對象，以利益一切眾生為使命。這一點，是許多大乘經典都談到的。《華嚴經》云：「菩薩不為教化調伏一眾生故發菩提心，不為教化調伏百眾生故發菩提心，乃至不為教化調伏不可說不可說轉眾生故發菩提心……是故，善男子！嚴淨一切世界盡，我願乃盡；拔一切眾生煩惱習氣盡，我願乃滿。」這是何等宏大深廣的願力。

《金剛經》中，佛陀亦就發心問題如是開示：「菩薩摩訶薩，應如是降伏其心，所有一切眾生之類，若卵生，若胎生，若濕生，若化生；若有色，若無色；若有想，若無想，若非有想非無想，我皆令入無餘涅槃而滅度之。」同樣告訴我們，菩薩應以救度一切眾生為所緣，不論其身處何道，也不論其生命形態如何，都是菩薩全力救度的對象，無一例外。

《勝天王般若波羅蜜經》中，則有這樣一段對話：「世尊，云何發菩提心？佛言：大王，如生大悲。世尊，云何生大悲？佛言：不捨一切眾生。」佛菩薩之心量，因為不捨眾生而寬廣無限。在我們所熟悉的《普賢行願品》的十大願王中，不論禮敬諸佛還是恆順眾生，每一願皆以盡虛空、遍法界、十方三世一切諸佛，或盡法界、虛空界、十方剎海所有眾生為所緣，充分體現了菩提心的廣大和無限。

4．平等

凡夫心是不平等的。因為凡夫有我執及我所執，注定不能平等對待一切。因為有我，就有自他之分；有我所，就有親疏之別。身為凡夫，總是執我而棄他，而在人與人的關係中，更是充滿好惡取捨，因而導致世界的種種不平等現象。

菩薩的修行，要從不平等的凡夫心中擺脫出來。發起菩提心之後，一方面要通過聞思經教認識到一切法的平等，認識到一切眾生的平等；一方面要在觀修和實踐中，對有情生起真實的平等心。對於菩薩行者而言，倘若還有絲毫好惡親疏的分別，就不能成為合格的菩薩。正如宗大師在《道次第》中所指出的：「若不先斷除對於一類有情起貪，及對一類有情起瞋之分類而修平等心者，則任隨生起慈悲，仍有類別。」所以，平等捨心也是菩薩行者必須修習的重要內容。

菩薩的慈悲，乃無緣大慈，同體大悲。無緣，即沒有任何附加條件；同體，即沒有自他和好惡親疏之別。這樣的慈悲是建立在自他平等的基礎上。《普賢行願品》告訴我們：「以於眾生心平等故，則能成就圓滿大悲。」因為對一切眾生平等無別，所以成就圓滿大悲。事實上，不僅菩薩行者應保持平等，佛陀也是這樣為我們作出了榜樣。《佛說海意菩薩所問淨印法門經》中，與會菩薩如此讚歎道：「了知平等菩提心，世尊常行平等法。」世尊所行，正說明了修習平等心的意義所在。

5．無相、無所得

凡夫心是著相的。因為凡夫充滿自性見，對身心世界的一切都生起實在感，執著有實在的美醜、垢淨，有實在的我和我所，所以做任何事都帶著有所得之心。若是立足於有相、有所得的凡夫心，無論怎樣努力，最後成就的仍是凡夫心。

而菩提心是無相的。首先，「菩薩應離一切相發阿耨多羅三藐三菩提心」，發心即是無相。其次，在行菩薩道過程中亦不能住相。正如《金剛經》所說：「（布施時）應不住色生心，不住聲香味觸法生心，應生無所住心。」在這段經文中，佛陀告誡我們：布施時不可住布施相，不可執著有能施的我、所受的他及所施之物。唯有三輪體空，才能圓滿布施波羅蜜，成為菩薩道的資糧。否則，與人天善行何異？布施如此，六度萬行莫不如此。第三，菩薩修習一切法門時，不僅不能住相，更不能生有所得之心。這正是《金剛經》強調的，「實無有法名阿羅漢。世尊，若阿羅漢作是念，我得阿羅漢道，則為著我、人、眾生、壽者。世尊，佛說我得無諍三昧，人中最為第一，是第一離欲阿羅漢。我不作是念，我是離欲阿羅漢。世尊，我若作是念，我得阿羅漢道，世尊則不說須菩提是樂阿蘭那行者。以須菩提實無所行，而名須菩提是樂阿蘭那行。」無論住相或有所得，都是凡夫心的表現。唯有通達無相、無所得，才能成就勝義菩提心，圓成無上佛果。

菩提心的實踐，由願菩提心落實於行菩提心。無論發願還是行持，都應依菩提心的特徵來檢討，檢查這一心行是覺還是不覺？是有我還是無我？是利己還是利他？是平等還是分別？是有限還是無限？是住相還是離相？是有所得還是無所得？菩提心的實踐過程，正是不斷調整心行的過程。如果發心是不覺、有我、利己、分別、有限、住相、有所得，那就說明我們還是地道的凡夫。反之，如果我們的發心具足覺悟、無我、利他、平等、無限、無住、無所得的特點，才是合格的菩提心，是與諸佛菩薩不二的心行。

八、菩提心的實踐典範

論及菩提心的實踐典範，首推諸佛菩薩。我們讀誦《藥師琉璃光如來本願功德經》、《無量壽經》、《地藏菩薩本願功德經》等大乘經典時，不應僅僅關注佛菩薩可以為我們做些什麼，更應看到佛菩薩是如何成就的。他們在因地的實踐和法門，正是我們修學的最佳榜樣。佛菩薩有各自的願力和行門，或是從大悲入手，或是從智慧入手，為我們展現了不同的修行道路。

如果感覺自己和文殊菩薩比較有緣，可以選擇文殊法門修學，像文殊菩薩那樣，深入經藏，智慧如海；感覺自己和地藏菩薩比較有緣，可以選擇地藏法門修學，像地藏菩薩那樣，地獄不空，誓不成佛。如果以觀音菩薩作為修學榜樣，就應以觀音菩薩的願力作為自己的願力，以觀音菩薩的行持作為自己的行為標準，像菩薩那樣尋聲救苦，千處有求千處應，萬人稱念萬人靈。如果以阿彌陀佛作為修學榜樣，就應以阿彌陀佛的四十八願作為修行理念，時刻牢記自己的目標是成就清淨國土，利益無邊眾生。

我們甚至可以觀想自己是觀音菩薩或阿彌陀佛的化身，確立了這樣的身分，更能策勵我們以佛菩薩之大願為己任，發心求正覺，忘己濟群生。學佛者固然應當謙和低調，但這種勇於承擔的精神極其重要。否則的話，甘居凡夫階位，只知向佛祈求，不知行佛所行，如何能於自身成就佛菩薩品質？當我們將自己定位為佛菩薩的化身後，還應心行上不斷向他們靠攏，最終覺行圓滿，與觀音菩薩或阿彌陀佛無二無別。

事實上，觀音菩薩和阿彌陀佛在因地也是這樣成就的。不僅他們是這樣成就的，諸佛菩薩都是這樣成就的。釋迦牟尼佛之前還有很多釋迦牟尼佛，阿彌陀佛之前也有很多阿彌陀佛，所謂「南無西方極樂世界三十六萬億一十一萬九千五百同名同號阿彌陀佛」。他們最初修行時，也是尋找一位古佛作為學習典範。觀音菩薩是向觀音古佛學習，然後修習大悲法門而成就。佛菩薩是這麼做的，我們也完全可以這麼做。直接從某位佛菩薩的願力和行門著手，觀想自己就是觀音菩薩或阿彌陀佛的化身，會得到極大的加持，比單純依靠一己之力修行更容易契入。

在藏地，時常聽說某位祖師是觀音菩薩化身，某位祖師是文殊菩薩化身。事實上，將某位佛菩薩作為本尊修行，最後所成就的，正是這位佛菩薩具備的品行。從這個角度看，那些說法並非沒有根據，不必視為神話。當然，不排除其中有附會和渲染的成分。本尊的修行並不神祕，我們完全可以將其中的方法運用於修習菩提心中。

我平時住在南普陀後山，那裡是觀音菩薩的道場。我在禪坐時，就將整個五老峰觀想為觀音菩薩的壇場，將自己觀想為菩薩的化身，具備菩薩那樣的大慈大悲，然後將這種悲心散發到十方世界，希望所有眾生都因無盡的慈悲而離苦得樂。當我們作這樣的觀想時，和菩薩的心行是相應的。當然，我們還達不到觀音菩薩那種純度和強度，品質還有待進一步提高。但通過不斷的修習和強化，就能在心行上逐漸接近。久而久之，不僅能在座上觀修時對有情生起無限悲心，也能漸漸落實到生活中。到那時，我們就是觀音菩薩名副其實的化身了。

我們可以將大乘經典中重要的佛菩薩及相關法門都找出來。有關觀音菩薩的內容，整理成「觀音菩薩與觀音法門」；有關地藏菩薩的內容，整理成「地藏菩薩與地藏法門」。這需要做兩方面的工作，一是了解這位菩薩在因地上如何修行，二是這一法門具有哪些特徵。這樣，不僅對自身修學大有裨益，也能為發心修學菩薩行的同道提供學習方便。在大乘經論中，不是缺乏修行方法，而是我們不曾注意到，不曾找到契入的途徑。

《華嚴經》云：「心、佛及眾生，是三無差別。」在法性的層面，我們和佛菩薩並無本質的不同。相反，我們和佛菩薩具有相同的本質。當我們在觀想中將自身與佛菩薩融為一體，在心行上產生作用的，恰恰就是佛菩薩的品質。通過這種觀想，通過對佛菩薩行為的仿效，我們才能啟動生命內在與佛菩薩無二無別的高貴品質。否則，修行還是落於凡夫心上，無法實現本質的超越。

儘管我們與佛菩薩有著本質上的相同，但內心還是覺得佛菩薩遙遙不可企及。原因在於，在我們生命中產生主導作用的始終是凡夫心，最終成就的也只能是凡夫心。如果我們能依佛菩薩的願力修行，心行就會逐步向其靠攏。在修行之初，這種願心仍屬於世俗菩提心，而非勝義菩提心。但我們不必氣餒，如果世俗菩提心能調到位的話，就像透過玻璃看到的虛空，雖然和實際的虛空隔了一層，卻已經接近了。只要堅持不懈地努力，終有一天會將這面玻璃砸得粉碎，將自己融入空性的海洋中。

我覺得，如果仔細研究大乘所有菩薩的行門，完全可以將其整理為具體的修行指導，且具有很強的操作性，能引領我們按部就班地修起來。事實上，從行門入手比從理上入手更有力量。佛教徒中，有相當一部分人修得很冷漠，其中多數都是從理上入手，過分沉浸於理論中，對現實漠不關心。如果我們從菩提心入手，以佛菩薩的行門為起點，再通過見來調整心行，修學將非常積極。我們會主動地弘法利生，自覺地擔當菩薩事業，而不僅僅是以「少事少業少希望住」自足。

九、結語

菩提心的內容介紹到此，只是從整體上為大家概括了發心綱領。其實，每部大乘經典都可作為菩提心的教材，可立足於菩提心來詮釋。無論《華嚴經》、《金剛經》還是《大智度論》、《瑜珈師地論》，皆有完整的發心方法，代表不同的發心層次。

我們有幸聽聞佛法，找到解脫煩惱的方法，實為多生累劫的福報。無始以來，我法二執始終在傷害我們。如果不能在修行上有所突破，煩惱會盡未來際地困擾我們，這是學佛需要解決的根本問題。與生命內在的改善相比，外在的一切微不足道，多一些知識或是多一個文憑，有如夢幻泡影。即使像國王那樣坐擁天下，也不過是幾十年的榮華富貴，短暫而虛幻。在無盡的生命洪流中，修行才是我們唯一的出路。只有沿著佛陀指示的解脫之路走下去，我們才能找到光明，從生死大夢中醒來。

發起菩提心，是對自我的巨大挑戰，這也是發心過程中面臨的巨大困難。但只要將菩提心發到位，一切煩惱便不在話下。因為煩惱無非是因我法二執而起，而菩提心正是摧毀二執的最佳利器。在佛法中，通常採用不同的方法來對治不同的煩惱，但最高的修行法門，僅僅一招就將一切搞定，所謂以不變應萬變。菩提心教法，正是功力無可匹敵的一招。只要運用起來，所有問題皆可迎刃而解。

我真切地期望，菩提心這一殊勝教法能廣為傳播，使菩提心的種子遍撒中華大地。當然，僅僅有熱情還不夠，以菩提心教法打前陣的同時，還須以上乘的用心方法深入引導。正如佛典所言：「菩薩摩訶薩復有二種正行堅固菩提心。何等為二？一者正念菩提行，二者修行禪定，斷諸煩惱行。」

般若和方便，一為母，一為父，兩者缺一不可。成佛是悲和智的成就，具體而言，正是菩提心和空性見的成就。若是從這兩方面入手，成就一批真正的修行人，漢傳佛教的面貌必有全新改觀。

十、問答

學員：發菩提心是否必須以出離心為基礎？

法師：出離心和菩提心屬於兩種不同層面的發心。大乘經論中主要以菩提心為主，較少涉及出離心。而在《阿含》等聲聞經論中，則以出離心為要，幾乎不談菩提心。將出離心和菩提心聯繫起來，主要體現在宗喀巴大師建構的《道次第》中。

早期的聲聞行者可分兩類：一是趣寂聲聞，一是回小向大聲聞。前者發出離心，且一發到底，直接證悟阿羅漢果，不更進求佛道。他們出離三界之心極其強烈，別無他求，因此佛陀演說《法華經》時有五千聲聞退席，這類就屬於趣寂聲聞。還有一類聲聞，接觸聲聞教法後又有機會學習大乘，最終回小向大，由出離心轉向菩提心。

民國年間，太虛大師對法尊法師翻譯的《道次第》極為讚歎，因為這條路確實穩當。宗大師以出離心、菩提心、空性見建構的三主要道，糾正了學人修行中極易出現的流弊。以出離心為基礎，既幫助我們擺脫凡夫心，又能引發真實無偽的菩提心，具有重要意義。儘管許多大乘經論中並未強調這一次第，直接由發菩提心入手，但解脫輪迴之苦，始終是修行的重要前提。

若是出離心僅指出離輪迴及對三界的執著，這一內涵已囊括在菩提心內。菩提心具備無相、無住、無所得的特點，自然不著五欲六塵。所以說，菩提心本身就含攝出離心的部分內涵。根機特別好的人可以直接從菩提心入手，這也是大乘經教往往只談發菩提心卻沒有強調出離心的原因。只是對一般人而言，菩提心不容易立刻發起來，更不容易發到位。若知見不清，發心過程中極易與凡夫心混淆，根本不清楚自己發的究竟是什麼心，甚至將人天乘的善心當作菩提心。如果以出離心為基礎，菩提心的純度會更有保障。

我們還要注意的是，發心固然可以遵循從出離心至菩提心的常規道路，但發起出離心並證悟空性後，未必能成就大慈大悲，未必能導向菩提心，否則就沒有聲聞乘和菩薩乘之分了。漢傳佛教中，禪宗行者也好，淨土行者也好，雖然學的是大乘佛教，誦的是大乘經典，但往往只發了出離心，將個人了生脫死當作一切，反而忘卻了菩提心。發起菩提心，必須通過相應的觀察和思惟，將慈悲引發出來。也就是說，它並非任運就能生起，還需要因緣的成就，正如修禪定未必能開智慧一樣。在一般人的印象中，似乎得定之後智慧將一觸即發，事實非如此。否則，外道如何將四禪八定作為最終目標、究竟涅槃呢？「由定生慧」只是說明，得定是發慧的條件之一，還需修習無常觀、緣起觀、無我觀等，才能引發無漏智慧。

學員：若無出離心為基礎而直接發菩提心，能否斷煩惱、了生死？人生佛教與菩提心的關係如何？

法師：發起菩提心，連佛果都能成就，難道不能斷煩惱嗎？所有的修行法門中，以菩提心的功德和力量為最。關於這一點，《華嚴經》彌勒菩薩讚歎菩提心的頌文中闡述得極為詳盡。

現在所提倡的人生佛教，如能賦予菩提心和空性見的內涵，就能直接抵達佛果，真正貫徹太虛大師所說的「人成即佛成」。但從目前來看，人生佛教的弘揚確實存在膚淺化的傾向，有必要對其內涵加以深化。道在人弘，人生佛教的旗幟固然契機，關鍵還在於怎樣弘揚，賦予其什麼見地和高度。

學員：發心是否也有頓漸之分？是否可能直接由勝義菩提心契入？

法師：法門的頓漸，是由知見高低決定的。《華嚴》的「初發心即成正覺」，一超直入如來地，可謂圓頓之極，至高無上。而禪宗和大圓滿的教法也告訴我們，即使在凡夫心的層面，覺悟心也是可以觸及的。因為煩惱是無自性的，體會到這一點，每個念頭生起的當下即可解脫。如同蛇，自己就能將反覆纏繞所成的結解開，毋須再借他力。不過，這些教法對根機的要求很高，一般人未必修得起來。相比之下，唯識教法是從妄心層面入手，比較容易把握。但依唯識教理修行，發心就是發心，結果就是結果，三大阿僧祇劫慢慢走來，很難相信現生可以見道，可以了生死。所以唯識學人在修行上往往容易鬆懈，民國年間許多學唯識的後來多學成哲學，這一流弊影響至今。

修行的常道，是從願菩提心、行菩提心進至勝義菩提心。大家可以先從這一常規路線入手，積累一些資糧，才有機緣和能力修習直接契入的教法。

學員：在發菩提心的過程中，最大的障礙是什麼？

法師：發心過程中，最大的敵人正是「我執」。我執無比狡詐，會利用所學的一切知識甚至佛法來干擾我們的心，其理由往往冠冕堂皇，讓人無法拒絕。所以，我們必須明確認識到：自己究竟要成就什麼？這點非常重要。我們的發心決定了最終的成就，但涉及具體事務時，往往很難分清究竟是哪種心在起作用。比如我們住持道場、弘法利生，看來似乎都是在發菩提心，或許我們自己也以為是在大轉法輪，廣度眾生，以為和佛菩薩相差無幾。可真正的心行基礎是什麼呢？仔細分析的話，可能是貪著，也可能是我執，這樣的現象比比皆是。到後來，事業做得越大，對事業的貪著也越深。如果這樣，最後成就的必然是我執，是地道的凡夫心。

學員：我們應當首先利益眾生，還是成就後再利益眾生？自利和利他是否有先後次第？

法師：在菩提心教法中，有三種不同的發心方式，即國王式、船夫式和牧人式。

首先是國王式的發心，認為自己得成為國王，才有能力廣濟群生。這種發心側重以自利為先，修行到相當程度後再開始利他。當然，目標始終是「為利有情願成佛」，而不是為了個人成就。藏傳佛教中的米拉日巴尊者，即屬於這類發心。其次是船夫式的發心，和乘客同舟共濟，同時修行，同登彼岸。歷代許多大德都是在自我修行的同時，積極弘法利生。第三是牧人式的發心，先要把牛羊趕回家。地藏菩薩就是其中的典型，其願力為「眾生度盡方證菩提，地獄不空誓不成佛」，只考慮眾生，完全沒有考慮自己。關於這幾種發心方式，每個人可以根據自己的情況去選擇。有些人適合做國王，有些人願意做船夫，也有些人希望做牧人。不論選擇什麼方式，共同前提和發心基礎必須是利他。也就是說，在發心過程中不可有任何夾雜。若是有絲毫的雜染或自利色彩，必然無法破除我執，圓成菩提。

學員：藏傳佛教中談到，發菩提心者不可以捨棄任何眾生，但又特別強調應遠離破戒者，如何解決這一矛盾？

法師：在修學過程中，需要親近善知識，遠離惡知識。孔子亦云：無友不如己者。也就是說，應與勝過自己的朋友交遊，才能見賢思齊。這一教授對初學者尤其重要。因為初學者往往善惡不辨，易受環境影響，所以對環境的要求必須嚴格，於增進學業和完善人格皆有益處。但學有所成之後，就要以一切眾生為度化對象，此時便無善知識及惡知識之分了。地藏菩薩發願前往地獄，一定不是去那裡親近善知識的。從菩薩道修行來說，發起菩提心後，一方面要親近善知識，一方面要慈悲利他，不可捨棄任何眾生。當我們說到不捨眾生時，關鍵是在於心行。只要對每個眾生平等無別，慈悲便是圓滿的。所以這兩個教授並不矛盾。佛法是針對眾生的不同根機而施設，在不同修行階段，要求也有所不同。

學員：如何才能圓滿自己的發心？必須將眾生度盡嗎？佛果功德要達到什麼標準？

法師：成就無上菩提，固然是以一切眾生為度化對象，但並非將眾生度盡才能成佛，因為度眾生也是因緣法，不是你想度就能度的。佛果功德的積累，也不在於達到怎樣的量才能圓滿。在一般人的理解中，總以為菩薩三大阿僧祇劫的修行，必須積累多少福德，度化多少眾生才合格。就像在社會上，獲得博士學位、教授資格需要多少成果那樣。但成佛並非事相上的成就，亦非外在功德的成就，若是執著功德相，就無法圓成佛果。

當我們說到度化一切眾生時，別忘了自己也是眾生。當然，關鍵不在於度了自己還是他人，而在於我們的發心是否緣法界一切眾生。當我們修行時，不在於修利己行還是利他行，也不在於修止觀還是修布施，關鍵看這一行為的發心是什麼，所緣是什麼？這才是根本所在。若是發心圓滿，所修一切善行，包括自己的修證功德，都是成佛的資糧。

理解這個道理就會發現，不論國王式的發心，還是船夫、牧人式的發心，本質上並沒有區別。即使暫時將重點放在自我修證，發心也是為了利他而非自己。比如禪修屬於自利還是利他？若是因為厭棄世間、逃避責任打坐，對眾生缺乏悲心，僅以自了為足，當然不是利他行。反之，若是為了更好地度化眾生修行，同樣是打坐，就屬於利他行的範疇了。可見，關鍵取決於發心，而不是行為本身。在修行的各個階段，我們可以有不同側重，但發心必須圓滿，這點極為重要。

過去，修行者更重視的是止息惡行，而菩提心教法還要求我們積極地成就善法，饒益有情，圓滿慈悲。在這個時代，特別需要普及菩提心教法。發起廣大願心之後，力量會源源不斷。

學員：發心之初還比較猛利，但往往不能堅持，應該如何解決？

法師：發心的困難，正在於發得準確，發得長久。這和「做一件好事容易，難的是一輩子做好事」同理。心行的力量源於積累，發一次只有一次的力量，況且這一次還未必發得純粹。菩提心教法，正是要幫助大家持續、準確地發心，並通過見地、實踐逐步鞏固這一發心。其中，見是用於調整心行，實踐則使菩提心落到實處，在心行產生穩定、持續的作用。如此，使菩提心的力量日漸增長。

學員：如何實踐菩提心呢？

法師：菩提心的實踐，包括觀想和利他行兩個方面。通過觀想，使自己時刻心繫眾生，行住坐臥皆不忘利他。這種用心方法，在《華嚴經．淨行品》中有很多具體指導。吃飯時，希望天下眾生都能衣食無憂；健康快樂時，希望天下眾生同樣健康快樂；遭遇挫折時，希望自己承受的一切，能使天下眾生遠離挫折。時時這樣觀想，帶著這樣的心做每件事，菩提心一定會迅速增長。

當我們有機會利他時，應將對方視為成就菩提心的善因緣，心懷感恩，並在做的過程中不忘初心，念念為利益眾生而做。在成就菩提心之前，這麼做確實有些難度，但只要我們有信心，並堅持不懈地練習，這一心行就能得到鞏固。久而久之，菩提心就能任運生起。

學員：菩提心與正見的關係如何？

法師：發起菩提心之後，見就有了用武之地。無論是中觀見或唯識見，都能指導我們調整心行，將附著於菩提心的雜質一一剔除。強調菩提心的重要性，絕非否定教理的作用。但必須明確的是，不可將談空說有作為修學目的。

在學佛過程中，正見極為重要。知見不正，修行必然無法提高。禪宗很重視見的作用，所謂「只貴子見地，不貴子行履」。這個見不僅是聞思的見，更是心行的見。如果見地沒有到位，即使每日精進苦修，修了些什麼呢？反之，見地正了，搬柴運水、語靜動默皆為無上妙行。所以說，見和菩提心是一體不二的。見需要著力點，才能發揮其功用。發起菩提心，見就找到了著力點。

學員：如何看待五種性？如果一個人注定是無種性，能否發菩提心？

法師：唯識宗將種性歸納為聲聞、緣覺、菩薩、無種性和不定種性五種。按唯識的說法，種性決定了將來的成就。若是不具備菩薩種性，成佛必定無望。若是具備菩薩種性，生命起點就高於聲聞。

眾生雖然是平等的，但無始以來的積累，確實造就了生命起點的不同。有些人善根深厚；有些人障深慧淺；有些人生來具有菩薩傾向，熱心公益；也有些人天性冷淡，對社會漠不關心。但從緣起看世間，我們不該將這些差別理解為固定不變的。所以我比較傾向一切眾生皆可發菩提心，皆可培養為菩薩種性，但因為起點不同，難易程度會有區別。對那些樂於助人、充滿悲心的人來說，菩提心和其天性相應，發起來相對容易。而對那些性情冷漠、孤僻的人來說，發心的難度自然大得多。但只要努力並且方向正確，最終都能有所成就。

學員：應當如何抉擇利他行？比如吃不完的餅乾，應該餵魚還是和乞丐結緣？有人說，餵魚不會造業。但也有人傾向於布施乞丐，因為人身難得，比魚離成佛更近。

法師：從菩提心教法來說，把人救度完之後才開始對魚慈悲，本身就是不對的。如果這樣的話，菩提心永遠無法圓滿。眾生是幫助不盡、救度不完的，何時才有成就的一天？所以關鍵不在於度化的客觀結果，而在於對每個眾生都充滿慈悲，絕不捨棄其中任何一位。不論對動物還是人，都要具有平等無別的悲心，這樣的心行才是圓滿的。若心中還有高低之分，最後成就的只能是不平等的凡夫心。佛菩薩的慈悲是一味平等的，對人是百分之百，對魚也是百分之百。發心決定了最後的成就，這點必須牢記在心。

當然，利他還要有智慧。像這樣的情況，究竟誰更需要？怎樣分配更合理？有了智慧，自然知道如何抉擇。恆順眾生，並非眾生需要什麼就給什麼，更不是順著眾生的欲望和貪嗔痴行事，必須考慮對眾生是否真正有益，以此作為取捨標準。所以在菩提心的實踐中，首先是發心純正，然後再以智慧抉擇。

學員：請問學習中觀和發菩提心的關係？

法師：空性見，是菩提心的重要組成部分。菩提心所具有的無相、無我、無所得等特徵，皆屬於空性見的範疇。若是沒有這些認識，菩提心必然發不到位，也無法圓滿。因為菩提心不是說法，還需要到現實中檢驗。為什麼我們覺得菩提心發不起來？為什麼對眾生有牴觸？就是因為把自己和眾生看得實實在在，所以就有對立，有分別。如果認識到萬法都是無相、無我、無所得的，便能接納一切眾生。既然自他是一體的，生起利他的菩提心就不是難事了。

三藏十二部典籍和一切修行法門都可匯歸於菩提心，並在修學菩提心的過程中找到位置。所以說，菩提心是佛法的核心，可以統攝大乘一切法門。

學員：菩提心應如何落到實處？

法師：我們現在的心行雖然是凡夫心，但即使在這個層面，若有上乘的用心方法，也是可以觸及本覺的。首先，必須找到心行的立足點。凡夫心的立足點是分別、執著、有限，這就需要調整，向平等、無相、無限靠攏。當然，做起來確實有一定難度，因為凡夫心的力量很大。但不要預存菩薩道很難、成佛很難的心態，這種畏難情緒是發心的極大障礙。

事實上，每種心行力量都是培養起來的。聚沙能夠成塔，是因為點滴的積累；愚公能夠移山，是因為不懈的努力。其中還有個關鍵，必須真切認識到菩提心的重要性，認識到這是學佛的唯一出路。否則，不要說救度眾生，自顧尚且不暇。基於對自身生命的負責及對眾生的慈悲，我們別無選擇，唯有全力以赴地做。成就菩提心的先例很多，恆河沙數諸佛是這麼走過來的，歷代祖師大德也是這麼走過來的。

菩提心的修行

在菩薩道修行中，菩提心是貫穿始終的。

發起菩提心，不僅是走上菩薩道的開始，也是成為菩薩行者的標誌。整個大乘的修行，雖然法門眾多，宗派紛呈，但都是圍繞修學菩提心、實踐菩薩行兩大內容展開。其中，又以菩提心為重中之重。因為菩薩行是建立在菩提心的基礎上，是菩提心的具體落實，故佛典也稱之為「行菩提心」。

在此，將圍繞菩提心的修行，分別從菩提心的重要性、菩提心與皈依、菩提心與七支供、菩提心與出離心、發起願菩提心、受持願菩提心、受菩薩戒、行菩薩行、菩薩行與空性見九個方面介紹。

在聽聞菩提心教法之前，首先要端正聞法態度，使自己成為合格的法器。什麼才是正確的聞法態度？古德總結為「離三種過」和「依六種想」。

所謂「離三種過」，即遠離三種有過失的聞法態度。《道次第》云：「若器口下覆，或器雖仰而內不潔，或內雖潔而下有罅，縱天降雨，必不能受。或雖受得，為染所汙，不堪飲用。或雖不染，漏而弗住。」這段論文中，分別以覆器、垢器和漏器，比喻學人聞法時不用心、帶有成見及聞後不思惟三種情況。

所謂覆器，即器口倒覆，縱使天降甘霖也無法盛載其中。同樣，內心尚未對法開放時，法水也不能進入心田。哪怕聽得再多，心中依然空空如也，無所受益。所謂垢器，即器內已是五味雜陳，即使注入清水也會變得苦辣酸甜，不復本味。同樣，每個人在接受佛法前，已形成自身的固有觀念。在聞法過程中，應將現有成見通通放下，以清淨無染之心接受佛法，就像我們喝水前會洗淨杯子那樣。如此，才能感受本然的法味，而不是被固有觀念改造過的、雜染變質的佛法。所謂漏器，即器皿開裂破損，哪怕不斷加水也會很快漏失。同樣，如果聞法後不再如理思惟，依教奉行，也如漏器一般，不能使所聞法義長存心田。學法的過程，是將佛法正見轉變為自身觀念的過程。這就需要在聞法後進一步思惟，通過反覆不斷的思惟來強化，來鞏固，使法義在我們的心相續中生根發芽。

依六種想，則是聞法過程中應當具備的六種觀想。首先，是把自己視為病者。說到病者，我們比較容易想到身體疾病。其實，身病只是暫時的，更長久的是心靈疾病。無始以來，我們始終在輪迴中流轉，生死不息，煩惱不止，皆因種種心病所致。所以人生最大的疾病不是其他，正是無明製造的迷惑和煩惱。我們要認識到這些疾病的過患，本著治病的態度聞法，把法師當作醫生想，把佛法當作藥物想，把修行當作治療想，把如來當作正士想，對正法生起久住想。只有對法生起殷重心，難得想，才能使之成為改造生命的有效療法。否則，往往只是把佛法當作一種學理或玄談，學得再多，也不過是在生活中增加一些佛法的點綴，在言行上增加一些佛法的包裝，於安身立命全無干係。

所以，希望大家本著正確的聞法心態學習菩提心教法。這樣才能納法於心，依法調整心行，完成生命品質的改善。

一、菩提心的重要性

1．為什麼要發菩提心

回答這一問題，必須明瞭學佛的重點在哪裡。佛法是心地法門，整個學佛過程，正是從認識到改變心行的過程。

我們的心好比土地，每個起心動念則是播下的種子。在生命延續過程中，我們有過許多想法，也做過許多事情，這些所思所行很快會成為過去，但內心留下的種子卻將在未來繼續作用，影響生命的發展軌跡。其中有善的種子，也有惡的種子；有煩惱種子，也有解脫種子。當善的種子萌芽時，當我們生起愛心、慈悲時，當下就是安樂的，周圍的人也能感受到這份安樂。反之，當惡的種子作用時，當我們生起貪心、嗔心、嫉妒心時，當下就是痛苦的。一旦將這些貪嗔之心表現出來，周圍的人也會受到傷害。

正是這種心的相續，決定了生命的現狀及走向。為什麼我們內心充滿煩惱，充滿痛苦？就因為其中有太多不良種子。這些種子又會不斷製造心靈垃圾，使內心成為充滿汙垢的垃圾場。如此，痛苦就在所難免，沉淪也在所難免。所以說，煩惱乃至輪迴都不是外在的，而是來自我們內心，是心在操縱這一切，也是心在決定這一切。如果我們想遠離痛苦，就要從因上斷除。

學佛是耕耘心田的過程。當年，佛陀曾到農莊托鉢，有位正在耕種的婆羅門質問道：「我們努力耕種才有收穫，你們為何不去勞作？」佛陀回答說：「長者，我也是耕耘的農夫！」婆羅門不解：「我從未見過沙門在田間勞作，何出此言？」佛陀向他解釋說：「信心為種子，苦行為時雨，智慧為時軛，慚愧心為轅，正念自守護，是則善御者。如是耕田者，不還受諸有。」（《雜阿含經》卷四）軛和轅，是駕馭牲口的工具。諸有，為眾生果報，有因有果故謂之有，包括三有、四有、七有、九有、二十五有等，總稱諸有。如果我們以對三寶的信心為種子，以修行灌溉心田，以智慧和慚愧駕馭心行，以正念作為守護，才是善巧的耕耘者。這樣的耕耘者，將不再招感輪迴苦果。

以信心為種子，代表我們對信仰的選擇，是以三寶作為人生的究竟歸宿。然後，還須通過觀察修和安住修，使種子在內心扎根。否則，佛法對我們只是一種學理，一種說法。生活中可以看到，不少人雖然也自稱為佛教徒，也常常敬香禮佛，可佛法對他們的心行卻絲毫沒有影響，他們的所作所為依然不超出固有的觀念和串習。這種學佛是不會產生效果的。就像農夫，如果不在田間播種，不去努力耕耘，即使天天到地裡走一圈，看一遍，甚至夜以繼日地守在那裡，可能有收穫嗎？菩提心的修行也是同樣。如果不發起菩提心，不在內心播撒菩提種子，未來怎麼會結出菩提之果？

2．大乘人的標幟

如果說皈依是成為佛弟子的標幟，那麼，發菩提心就是成為大乘人的標幟。《略論》云：「何為入大乘之門耶？此中佛說有波羅蜜多乘及密乘二種，除彼更無餘大乘矣。然此二由何門而入耶？唯此菩提心是。此於身心何時生起，雖其他之任何功德未生，是亦住入大乘。」

這段論文明確告訴我們：一旦發起菩提心，即使尚未具備其他功德，也已躋身大乘之列，堪為菩薩行者。接著，論中又進一步說明：「若何時與菩提心捨離，則縱有能達空性等功德，亦是墮入聲聞等地，退失大乘。此眾多大乘教之所說，理亦成也。是故大乘者，以菩提心之有無而作進退。」

正因為菩提心是大乘人的標幟，所以一旦捨離菩提心，即使已經通達空性，也將退為聲聞學人。可見，大乘的評判標準是以有無菩提心來決定。論中還引《入菩薩行論》為證：「此心生起，無間即成佛子。」此處所說的「佛子」，特指菩薩行者。因為他們不像聲聞那樣以自了為足，而是行佛所行，像佛陀那樣自利利他，自覺覺他，是佛陀的真正繼承者。

可見，菩提心不僅是步入大乘的門徑，也是簡別於二乘的不共標準。

3．成佛的不共因

成佛並不是成就外在的什麼，不是職稱，不是地位，不是榮譽，而是內在的生命品質。這一品質包括智慧和慈悲兩大內涵，由空性見成就智慧，成就解脫；由菩薩行成就慈悲，成就福德。其中，解脫是三乘共有的目標，無論聲聞、緣覺還是菩薩，都要具備解脫能力，而慈悲則是大乘特有的行門。當然，這不是說聲聞就不修慈悲。事實上，聲聞行者同樣修習慈悲喜捨四無量心，同樣隨緣弘法，利益大眾。區別在於，他們並不以圓滿慈悲作為必修法門，作為究竟目標。從另一個角度說，如果沒有菩提心為前提，這種慈悲修行也是缺乏力度，缺乏擔當的。

關於這個問題，《略論》以比喻作了說明：「如以水、糞、暖及地等，若與穀種合者，則為穀苗之因。若與麥豆等種合者，則亦為彼苗之因。故水、糞、暖等是共同之因。青稞種者，隨與何種緣合，亦不能為穀等苗之因，是青稞苗之不共因。以彼所攝持之水等，亦當為青稞苗之因也。如是無上菩提心者，是佛苗因中如種子之不共因。通達空性之慧者，如水、糞等，是三種菩提之共因也。」

就像耕作需要種子、陽光、雨水、肥料和土地。其中，種子是作物生長的不共因，由麥種生長麥子，稻種生長稻子，其果實由種子包含的特性所決定。而其他條件則是一切作物生長所必需，屬於共因。對修行來說，空性慧就像陽光、雨水、土地那樣，是三乘修行的共因。而菩提心的作用相當於種子，是成佛的不共因。唯有發菩提心，修利他行，才能成就佛菩薩那樣圓滿的生命品質，此外別無他途。

接著，《略論》又引經論為證：「《寶性論》云：勝解勝乘為種子，慧者為生佛法母。此言於大乘起勝解者，如父之種子。通達無我慧者，則如母。譬之父為藏人，則不生漢胡等子。父為子姓，此因決定。於藏母身，則能生種種子，是乃共同因也。」

孩子雖由父母共同生育，但以父親為決定血統的不共因。對修行者來說，如果能對大乘具足勝解，其作用有如父親，而通達空性的作用則如母親。有空性慧之母，故能成就解脫；有大乘菩提心之父，方能成就佛果。

以上兩個比喻，形象說明了菩提心和空性慧對於修行的不同作用。沒有菩提心作為種子，就不能成為大乘行者；沒有空性慧作為解脫共因，也不能結出無上菩提的殊勝果實。

二、菩提心與皈依

皈依，代表我們對三寶的信賴，也代表我們選擇三寶作為人生的究竟歸宿。這是學佛的基礎，也是發起菩提心的基礎。

1．大乘皈依的殊勝

通常所說的皈依，是聲聞乘的皈依，我們這裡特指大乘皈依。《大乘莊嚴經論．皈依品》中，特別介紹了大乘皈依的殊勝，論云：

一切皈依三寶中，應知大乘皈依最為第一。何以故？由四種大義自性勝故。何者四義？一者一切遍義，二者勇猛義，三者得果義，四者不及義……大乘皈依者有四種一切遍。一者眾生一切遍，欲度一切眾生故。二者乘一切遍，善解三乘故。三者智一切遍，通達二無我故。四者寂滅一切遍，生死涅槃體是一味，過惡功德不分別故……

大乘皈依有三種勝勇猛。一願勝勇猛，皈依佛時，求大菩提，多生歡喜，知勝功德故。二者行勝勇猛，起修行時，不退不屈，難行行故。三者果勝勇猛，至成佛時，與一切諸佛平等覺故……

菩薩善生有四義。一者種子勝，以菩提心為種子故。二者生母勝，以般若波羅蜜為生母故。三者胎藏勝，以福智二聚住持為胎藏故。四者乳母勝，以大悲長養為乳母故……

大乘皈依者，所有善根由四因故，一切聲聞、辟支佛所不能及。一者大體，二者大義，三者無邊，四者無盡。問：「此云何？」答：「大體者，謂世間善根已得，超過二乘故。大義者，謂出世善根，二乘出世但自利故。無邊者，謂成熟善根，能成熟無邊眾生故。無盡者，謂神通善根，至無餘涅槃亦無盡故……」

皈依差別有六種，一自性、二因、三果、四業、五相應、六品類。希望為自性，至心求佛體故。大悲為因，為一切眾生故。種智為果，得無上菩提故。不退為業，行利他難行行，不退不屈故。三出為相應，具足三乘出離行故。二得為品類，世俗得，法性得，粗細差別故。

這段論文從不同角度，詳細介紹了大乘皈依勝於二乘的特殊之處。想要了解更多內容，可參看無著菩薩所造的《大乘莊嚴經論．皈依品》全文。在此，我先給大家簡單歸納幾點，這是大乘皈依區別於聲聞乘皈依的主要特徵，也是我們需要掌握的關鍵所在。

其一，皈依者必須具備大乘種性。關於此，我們可能會心存疑問：自己究竟有沒有具備大乘種性？要回答這個問題，只須審視一下，看看自己能否發起無偽的菩提心，發起真實的利他願望。

其二，皈依對象是大乘三寶。其中，佛寶為十方三世一切諸佛，法寶為大乘經典，僧寶為觀音、文殊、普賢等諸大菩薩及現前的大乘僧團。

其三，時間更為長久。聲聞乘皈依的有效期是盡形壽，大乘皈依不僅局限於今生，而是盡未來際直至成佛，正如皈敬頌所說：「諸佛正法賢聖僧，直至菩提永皈依。」

其四，發心更為廣大。聲聞乘皈依主要是為了斷除煩惱，解脫生死，而大乘皈依不以個人解脫為足，還以幫助一切眾生解脫為目標。

只有認識到大乘皈依的殊勝，才能對大乘佛法生起真切皈依之心，這正是願菩提心的所依。

2．由發心完成皈依修行

皈依後還需要不斷修習皈依，強化三寶在內心的分量，鞏固對菩提心教法的信心，使之落實於心行並產生作用。在印度和西藏的傳統中，都有關於皈依的修行，我也編寫過《皈依共修儀軌》，內容包括大乘的發心、懺悔、七支供、念誦皈依、發四無量心等。

皈依不只是學佛的開始，事實上，它貫穿整個成佛的修行。從究竟意義上看，皈依者和皈依對象在本質上是一體的。開始時，二者確實存在差別，而且是巨大的差別，但這種差別不是永遠存在。修習皈依的目的，乃至佛法一切修行的目的，是開發眾生本具的自性三寶，使自己和皈依對象融為一體，最終成就三寶具足的一切功德。

這一過程離不開皈依和菩提心的修行。沒有皈依作為前提，菩提心的修行就沒有依託基礎；沒有菩提心作為實踐，皈依將永遠停留於形式。唯有對三寶功德心嚮往之，並以佛菩薩的願力作為自身願力，以佛菩薩的所行作為自身行為，才能成就與佛菩薩無二無別的高尚品質。

三、菩提心與七支供

七支供根據普賢菩薩的十大願王建立，具有集資淨障的作用，能為發起菩提心營造良好的心靈環境。十大願王的具體內容，分別是禮敬諸佛、稱讚如來、廣修供養、懺悔業障、隨喜功德、請轉法輪、請佛住世、常隨佛學、恆順眾生、普皆迴向。這些修行似乎都很平常，為什麼會被尊為「願王」呢？原因就在於，這些願望的所緣對象是無限的，是遍及一切的。

我們都有這樣那樣的願望，但常人的願望非常局限，想到的無非是個別人、個別事。而普賢菩薩的願力是以盡法界、虛空界一切眾生為所緣對象，不斷強化這種願望，可以幫助我們打開心量。當心停留於眼前的人和事，是狹隘而有限的。唯有以無限的時空為所緣，才能進入心的無限層面。

同時，《普賢行願品》還可以幫助我們迅速積累成佛資糧。用現在的話來說，《行願品》是集資淨障的第一生產力。所以，藏傳佛教也特別提倡本品，將之作為一切法門的重要前行。事實上，《行願品》的意義不僅在於前行，其本身也是殊勝的正行。因為這一法門建立在華嚴見地之上，至頓至圓，我稱為「菩提心的無上觀修，佛陀品質的臨摹方法」。依普賢大願觀修，就是對佛菩薩心行的類比，使我們在類比和比照中向佛菩薩逐漸靠攏。

七支供的內容，主要是將十大願王歸納為七支。支為肢體，是身體的重要組成部分。如果把菩提心修法比作主幹，七支供就是作為支撐的重點。在《入菩薩行論》中，「集資淨障」這部分內容也是通過七支供的修行來完成。

修習菩提心，必須對一切眾生心生慈悲，視如己出。怎樣才能做到這一點？前提是把一切眾生裝到心中。我們問問自己：內心到底能裝幾個人？如果只是裝著自己，或者只是裝著個別人，是絕對無法和菩提心相應的。這就必須打開心量，這種打開不是簡單的量的增加，而是把自我的界限完全撤除，像虛空容納萬物那樣，容納盡虛空、遍法界的無量眾生。如果還有一個眾生是我們排斥的，是我們不願利益的，就說明這種慈悲尚未圓滿。

以下，簡單介紹一下七支供的修行。相關內容，我在《普賢行願品的觀修原理》一書中有較為詳細的解說，可以作為參考。

1．禮敬支

禮敬，即禮拜恭敬。佛法從恭敬中得，如果對三寶缺乏敬意，法就不可能在我們身上產生作用。修習禮敬的方式很多，如拜佛、供燈、燃香、獻花等。那麼，應該以什麼方法禮佛，才能迅速與諸佛相應，成就無量福德呢？

現代人非常講究效率，其實修行也不例外。或許有人會問：佛教不是強調不著相嗎？要知道，不著相不等於不講效率。正確的修行態度，是既講效率，又不著於講效率的相。如果以為不講效率就是不執著，稀里糊塗就是不執著，不但成就無望，甚至可能會墮落惡道。因為輪迴路險，不進則退。如果不抓緊現有的暇滿人身修行，誰也無法保證未來去向何方，何時還有機會繼續修行。所以，學佛同樣需要講究方法。方法到位，才能事半功倍，生生增上。

禮敬支共四個偈頌，第一頌為三門總禮。三門，即身口意三業，對禮敬作總的闡述。偈頌為：

> 所有十方世界中，三世一切人獅子。
> 我以清淨身語意，一切遍禮盡無餘。

我們禮佛，通常會選擇一位佛菩薩，或禮拜釋迦佛，或禮拜阿彌陀佛，或禮拜觀音菩薩。在《普賢行願品》中，卻不以一佛二佛為禮敬對象，而是以十方三世一切諸佛為所緣，一一禮拜，無有遺餘。更重要的是，以清淨身語意三業而行禮拜。這就需要憶念佛菩薩功德，激發見賢思齊的至誠之心，從而遠離散亂和妄想。從心裡想著拜佛，到合掌、禮拜、起身，整個過程保持明晰的觀想，全身心投入對佛菩薩的禮敬之中。當我們以這種所緣和方法禮佛時，每一拜，都是向一切諸佛奉獻無上的敬意，奉獻清淨的供養。

其次是身禮。偈頌為：

普賢行願威神力，普現一切如來前。
一身復現剎塵身，一一遍禮剎塵佛。

身體是有限的，禮拜也是有限的，如何才能完成無限的禮敬？這就必須藉助觀想完成。所謂觀想，就是運用想像力，這是佛法修行的重要助緣。因為心是無限的，想像也是無限的，只有開發無限的層面，才能使建立在這一心行之上的有限行為轉變為無限。在觀想時，一方面可以參考《行願品》長行的內容，一方面要祈求普賢菩薩加持，通過對普賢願力的信解來完成觀修。

首先觀想自己化現無量無邊的身體，觀想宇宙中有多如微塵的諸佛菩薩，每位佛菩薩前都有一個我在禮拜。佛菩薩的存在是無限的，我的存在也是無限的。進一步，觀想每個我又在同時禮拜盡虛空、遍法界的無量諸佛。當我們這樣觀想時，每一拜都能成就無量功德，使我們迅速培福，廣積資糧。否則，以凡夫有限的修行，永遠不能成就佛菩薩那樣的無限功德。因為無限必須以無限而非有限為因。再多的有限加在一起，都是有限的，只不過是更大的有限而已。唯有在無限的心行層面，才能圓滿無量福德。

第三為意禮。偈頌為：

於一塵中塵數佛，各處菩薩眾會中。
無盡法界塵亦然，深信諸佛皆充滿。

首先觀想每一微塵中皆有無量諸佛，每位佛陀身邊還有菩薩海會圍繞。其次，觀想法界有無盡微塵，所以宇宙的任何一個空間都有諸佛菩薩存在，重重無盡，數不勝數。

生命存在的當下就是無限。因為它的本質是空性，沒有任何界限，沒有自他之別，一切分別都是人為的設定。比如這是中國，那是外國；這是敵人，那是朋友；這是喜歡，那是討厭。所有這些概念都來自眾生的執著，是由執著形成的分別和對立。由此，又會導致各種衝突，如人與人的衝突，人與自然的衝突，人與動物的衝突。一旦撤除這些錯誤設定，生命就是無限的，和一切眾生不分彼此，和諸佛菩薩心心相印。

所以當我們觀想無限時，並不是另外開拓一個無限，只是通過觀想，撤除妄心建立的有限設定，使心回復本然的狀態，回復本具的無限內涵。

第四為語禮。偈頌為：

各以一切音聲海，普出無盡妙言辭。
盡於未來一切劫，讚佛甚深功德海。

接著，通過觀想完成語言的讚頌。我們可以觀想宇宙中有無限的我，每個我都在齊聲讚歎十方諸佛的功德。我們可以把自己觀想為宇宙的播音員，當我們禮讚佛陀時，整個天地都能接收到這些音聲，整個宇宙都在迴盪著這些讚頌。我們還可將聽到的一切聲響都觀想為念佛、念法、念僧之音，觀想為讚歎三寶無盡功德的音聲，使身心融入其中，禮佛不盡，讚佛不絕。

2・供養文

供養代表我們對佛菩薩的恭敬。雖然恭敬主要發自內心，但也需要通過相應的行為來體現。供養就是強化恭敬心的重要方式，應以上妙物品而行供養。其中，包括有上供養和無上供養。所謂有上，即有限之意，尚未達到極致。所謂無上，即無與倫比，沒有任何方式能超乎其上。

首先是有上供養。偈頌為：

> 以諸最勝妙華鬘，伎樂塗香及傘蓋。
> 如是最勝莊嚴具，我以供養諸如來。
> 最勝衣服最勝香，末香燒香與燈燭，
> 一一皆如妙高聚，我悉供養諸如來。

有上供養，是以最好的花鬘、伎樂、塗香、傘蓋、衣服、末香、燒香、燈燭等種種供品供養十方如來，且數量眾多，有如須彌。如何才能得到這麼多供品？就需要通過觀想。一方面，觀想山河大地、宇宙萬有都轉化為供佛的奇珍妙品；一方面，觀想所供物品無量無邊，遍滿法界，以如此眾多而勝妙的物品供養如來。

其次是無上供養，這是相對有上供養而言。偈頌為：

我以廣大勝解心，深信一切三世佛，
悉以普賢行願力，普遍供養諸如來。

勝解，是深信不疑的信解。我們以廣大勝解之心，深信盡虛空、遍法界十方三世一切諸佛的存在，並以普賢菩薩的無限願力，將有限供品轉化為無限，以此供養諸佛。

我們的心量有多大，供養就有多大，福報也就有多大。佛菩薩為什麼能成就無量功德？因為他們的心是以虛空和法界為平台，沒有任何界限，也沒有任何阻礙。這就使依託於此的每個行為，都像融入汪洋的水滴一樣，由一滴水成為大海水。

3．懺悔文

在無盡輪迴中，我們始終流轉生死，被煩惱逼迫，正是由往昔業力所致。這些業力就像我們編寫的生命程序，當它運行時，會產生某種結果。有些是進入惡道的程序，有些是進入善道的程序。我們想要改變命運，就要改變程序的內部結構和運行方式。懺悔的作用，正是摧毀業力依託的基礎。偈頌為：

往昔所造諸惡業，皆由無始貪嗔痴，
從身語意之所生，一切我今皆懺悔。

我們要觀想盡虛空、遍法界的諸佛菩薩，在他們面前發起真誠懺悔之心，對以往所造種種罪業一一追悔，包括有意為之的惡行，也包括無意造作的業力。更重要的是，發誓從今以後永不再造。任何業力的形成都是有基礎的，通過懺悔，就能摧毀業力依託的土壤，使之無法成熟，無法繼續感果。因為所有業力都來自對我和法的執著，而懺悔就意味著對這種執著的否定。如果執著已不存在，依附於此的業力自然也就無從生根，不復存在了，所謂「皮之不存，毛將焉附」。

就像法會前需要清掃場地那樣，我們迎接菩提心的到來，也要懺悔業障，清理內心塵垢，為菩提種子營造良好的心靈環境。

4·隨喜支

隨喜是對他人所修善行表示真誠的歡喜，由衷的讚歎。當我們這樣做的時候，內心會隨之打開，善的種子也會隨之增長。偈頌為：

十方一切諸眾生，二乘有學及無學，
一切如來與菩薩，所有功德皆隨喜。

對十方世界一切眾生，聲聞、緣覺二乘，乃至諸佛菩薩的所有功德，我們要生起隨喜之心，時時保持。我們的時間、精力、能力很有限，即使再努力，一輩子所修善行也未必能有多少。而成佛需要無量福德為資糧，僅憑一己之力，顯然是無法完成的。那麼，我們就無法成佛了嗎？就無法完成這個遠大目標了嗎？顯然不是，這就需要藉助一些手段，而隨喜正是迅速積累資糧的特殊途徑。如果我們能以廣大無限的發心隨喜一切善行，所獲功德將與行善者同等，有時甚至會超過對方。因為善行招感的果報並不完全取決於行為本身，在很大程度上，是取決於不同的用心。當我們以無限之心隨喜一切善行時，就如分身億萬，時時處處地廣行善法，耕耘福田。

此外，隨喜還能克服嫉妒、排他等不良習慣，與眾生廣結善緣。這是建立良好人際關係的重要助緣，也是修習平等心的大好時機。當我們隨喜平日漠不相關的眾生時，就在化解對他們的冷漠與隔閡；當我們隨喜平日存在矛盾的眾生時，就在化解對他們的嗔恨與嫌隙。只要隨喜心足夠真誠，足夠強大，就能逐步轉化原有的不良情緒，令心量隨之打開。

5．請轉法輪支

雖然法是法爾如是的，不論是否有佛出世說法，都不會有增有減，隨之變化。但對眾生來說，並沒有能力認識這種真理，更無法依此修行，成就佛果。這就需要佛菩薩的引領，需要他們宣說法要，使眾生因聞法而破迷開悟，走向解脫。所以，祈請佛菩薩乃至善知識說法，不僅是自身修學的需要，也是利益大眾的需要。偈頌為：

十方所有世間燈，最初成就菩提者，
我今一切皆勸請，轉於無上妙法輪。

世間燈，指諸佛菩薩，包括一切具足正見的善知識。眾生長處無明黑暗，唯有在佛菩薩的引導下，才能從黑暗走向光明，從迷惑走向覺悟。我們觀想宇宙中有無量佛陀，然後觀想自己化身無數，來到諸佛世尊前。每一位佛陀面前，都有一個我在祈請。每一個我，又同時在祈請法界一切諸佛，祈請他們悲憫眾生，法輪常轉，使佛法在世間流傳廣布，利益人天。在座下，則應時時祈請善知識為眾開示，同時要大力護持那些宣說正法的善知識。護持的方式有很多，我們可以組織講座，邀請大德說法；可以助印經書，普及正知正見，這些都是請轉法輪的重要方式。因為弘法需要眾緣和合，成就相關助緣，在說法者和聞法者之間架設橋梁，也是在以實際行動請轉法輪。

6．請佛住世支

十方諸佛化緣將近，即將示現涅槃時，為令眾生獲得長久的利益安樂，我們要以至誠之心，請求諸佛長久住世，接引眾生。偈頌為：

諸佛若欲示涅槃，我悉至誠而勸請，
唯願久住剎塵劫，利樂一切諸眾生。

佛陀看到化緣將盡，即將入般涅槃。此時，我們要真誠勸請，唯願佛菩薩長久住世。因為這樣，佛法才能在世間薪火相傳。關於請佛住世的修行，我們可以觀想宇宙中有無量諸佛顯現，然後觀想每尊佛陀前都有一個我在祈願，懇請他們莫入涅槃。在座下，則以誦經、念佛、供燈、放生等種種方式，殷勤勸請一切善知識住世說法，度化眾生。

7・迴向支

最後，我們要把以上所修的禮敬諸佛、供養如來、懺悔業障、隨喜功德、請轉法輪、請佛住世等功德迴向法界眾生。偈頌為：

所有禮讚供養福，請佛住世轉法輪，
隨喜懺悔諸善根，迴向眾生及佛道。
乃至虛空世界盡，眾生及業煩惱盡，
如是四法廣無邊，願今迴向亦如是。

以上六支所修善根為證悟菩提之因，我們將之迴向眾生，並以猛利意樂為之祝福，願他們早日成就佛道。這份迴向是永久性的，盡未來際有效，所謂虛空界盡、眾生界盡、眾生業盡、眾生煩惱盡，我願無盡。事實上，虛空是無法窮盡的，眾生和眾生的業力、煩惱也是無法窮盡的。為什麼說有盡？只是用來反襯這份願力的廣大。即使無盡的虛空會有盡頭，無盡的業力會有盡頭，但我們發起的願力和迴向都源源不斷，無窮無盡。也就是說，這一願力比虛空更長久，比世界更長久，比無量無邊的眾生更長久，這正是普賢大願被尊為願王的關鍵所在。因為這一願力的所緣對象是無限，時間跨度是永遠。

七支供的內容又可歸納為三方面。一是集資，為禮敬、供養、隨喜、請法、請佛住世五支；二是淨障，即懺悔支；三是令功德增長廣大，永不退失，即迴向支。心是功德增長的土壤，唯有在無限的心田，才能圓滿成佛需要的無限資糧。如果心量狹隘，就像一塊小小的田地，即使修得再勤奮，再努力，收穫的果實也極其有限。學習《行願品》，就要把菩薩的無限願力落實到自身心行，想普賢菩薩所想，行普賢菩薩所行，以此作為人生的終極目標。那樣的話，我們當下就能和普賢菩薩相應，和十方諸佛相應。

對於以上偈頌，我們應當了解其中內涵，如理思惟，以至誠懇切之心緩緩念誦。

四、菩提心與出離心

學佛因緣各異，所求各異，但正確發心唯有出離心和菩提心兩種。聲聞行者發出離心成就解脫，大乘行者發菩提心成就佛果，此外皆非正途。那麼，兩種發心是否具有內在聯繫？或者說，大乘行者是否也需要發出離心？

1．解脫為本，出離心為先

在《道次第》中，宗大師將大乘佛法的綱領總結為三主要道，即出離心、菩提心、空性見，明確指出：出離心為菩提心生起的前提。論云：「夫以惑業所制，流轉世間，為眾苦所逼者，自利猶且未能，況云利他者哉。此乃一切衰損之門，菩薩較諸小乘尤應厭離而滅除之。」

如果自身不具備出離、解脫的能力，惑業未除，自利尚且不能，怎麼可能利益他人，利益無量眾生？所以菩薩同樣需要生起出離心，而且要比聲聞更強烈。沒有真切意識到輪迴之苦，沒有迫切的出離願望，所謂的菩提心終究會流於口號，發得膚淺而不真切。如果自己耽於現狀，無心出離，卻說什麼「發願帶領一切眾生走向解脫」，難道不是一句自欺欺人的空話嗎？

論中，宗大師接著告訴我們：「若於生死意求出離已，見諸有情是自親眷，為利彼等而發菩提心者。」只有在希求個人解脫的基礎上，才能進一步希望帶領眾生共同出離。解脫是佛法的根本，可以說，學佛就是為了尋求解脫，修行就是為了成就解脫。因此，出離心是一切修行的共同基礎。但對菩薩道行者來說，僅僅個人解脫是不夠的，還要推己及人，看到眾生在輪迴中飽受苦難，將這份出離心延伸到一切眾生，引導他們共同解脫。從這個意義上說，菩提心正是出離心的延伸和圓滿。換言之，兩條道路的起點是相同的，不同的只是終點。

怎樣才能帶領眾生走向解脫？僅有一腔熱情顯然是不夠的。嚴格地說，必須具備解脫的經驗和能力。最起碼，也應了知解脫原理。否則，何以為眾生嚮導？如果自己是不辨方向的盲人，卻要引領大眾走上一條布滿荊棘、岔路、障礙的陌生山道，不過是匹夫之勇，是於人於己皆無利益的愚痴行為，絕非佛陀所提倡的。所以在修習菩提心之前，首先要發起出離心，修習解脫行。

所謂出離，就是願離娑婆。它的心行標準，是對輪迴的盛事不再有任何期盼，任何留戀。但在物質空前豐富的今天，人們已經製造太多麻醉身心的誘惑，使心耽於其中，難以自拔。所以現代人雖然覺得很累，在壓力中不堪重負，但多半不會覺得太苦。因為隨時都有新的刺激來轉移痛苦，隨時都有物欲帶來短暫滿足淡化痛苦，使我們在貌似快樂的幻影中疲於奔命，在種種物欲的刺激下日漸麻木。其結果，就是逐步喪失對痛苦的感受能力。

或許有人會覺得：我們為什麼要「自討苦吃」？為什麼要去感受那些人人避之唯恐不及的痛苦？須知，這種感受正是生命的保護機制。就像我們需要定時體檢，才能及早發現疾病，把握治療時機。同樣，唯有保持對痛苦的省察，才能找到痛苦之源，及時對治。否則，到病入膏肓時，一切都為時晚矣。

怎樣才能使我們從麻木中甦醒？這就需要時時念死無常，念輪迴苦。因為死亡是生命無法迴避的結局，而輪迴則是凡夫無法脫離的軌道。正視這一現實，我們才會知道，什麼才是對生命真正有價值的，什麼才是人生的當務之急。

（1）念死無常

人們往往下意識地迴避死亡，不願想起，更不願提起，似乎這樣就能把死亡拋在腦後。事實上，我們逃得了嗎？那個與生俱來的死亡，究竟在哪裡等著我們？在《道次第》中，為我們提供了三個思考角度。

第一，思惟死王必來，任何人不能阻擋。從古至今，不論國王還是乞丐，也不論強者還是弱者，誰能逃脫這一結局？不必說過去的人，就是眼前這些鮮活的生命，這些會說會動、似乎有著無限能量的生命，不需要百年，也會到其他世界報到。在此期間，壽量無增而日減。如果把出生比作人生的起點，從來到世界的剎那起，我們時刻都在走向死亡這個終點。每度過一天，每增加一歲，都在向終點靠攏。換言之，剩餘時間也隨之減少，正如《法句經》所說的那樣：「是日已過，命亦隨減。如少水魚，斯有何樂？」

第二，思惟死期無定。當我們健康活著的時候，總以為生命會很強健，很長久。其實，人命不過是在呼吸間，一口氣不來，轉息就是來生。在這個世界上，我們每一次呼吸時，都有人停止了呼吸；我們每一次心跳時，都有人停止了心跳。其中有壽盡而終者，也有許多夭折和橫死者。即使我們現在年輕健康，似乎有漫長的人生可以享受，但誰也無法保證明天會發生什麼，下一刻會發生什麼。事實上，死神隨時都在我們身邊等候，隨時都可能不請自來。

第三，思惟死時除佛法外餘皆無益。當死亡到來，我們現在執著的家庭、地位、財富，哪一樣可以產生作用？我們可以因為家庭和睦就不死嗎？可以因為財力雄厚就不死嗎？可以因為身居高位就不死嗎？事實上，世間沒有任何東西可以拿來與死神做交易。不僅如此，這一切反而會使我們生起諸般不捨，帶來更多痛苦。對於大部分人來說，擁有的越多，執著也就越多，而這種擁有和執著又將成為臨終前的障礙。一方面是對曾經擁有的留戀，一方面是對失去一切的恐懼，但死神不會因為我們留戀或恐懼就網開一面。更糟糕的是，在這樣的留戀和恐懼中，往往會使人失去提起正念的最後機會。結果，在萬般無奈中隨業流轉。

時時從以上三個角度憶念死亡，就會認識到世間的無常虛幻，從而減少貪著，發心出離。所以說，念死是發起出離心的重要助緣。

（2）念輪迴苦

有情在六道生生不息地流轉，頭出頭沒，無法自主，充滿種種苦痛。佛典中，主要概括為八苦和六苦。倘能透徹輪迴本質，我們就不會被它顯現的華麗假相所迷惑。所以，輪迴苦也是需要反覆思惟的。

八苦，為生苦、老苦、病苦、死苦、愛別離苦、求不得苦、怨憎會苦、五蘊熾盛苦。首先，是對生老病死無法自主。自從我們隨業投生世間的那天開始，就日復一日地為這個身體忙碌著，餓了張羅吃，冷了張羅穿。不想老，卻老之將至；不想病，卻疾病纏身；不想死，卻不得不死。哪一樣不是事與願違？哪一樣是我們願意看到的結果？除了身體負擔外，相愛的人天各一方（愛別離），討厭的人冤家路窄（怨憎會），希求的一切無法得到（求不得），這些苦楚，都是我們曾經經歷、正在經歷和將要經歷的。即使我們與世隔絕，內心一樣可以製造煩惱，即五蘊熾盛苦。為什麼人們滿足生存所需之外，仍在不停地忙著？其原因，就是因為內心的欲望太多，垃圾太多，情緒太多，使身心處在不由自主的躁動中。

除了八苦以外，《親友書》還將輪迴苦總結為六點。

其一，為無有決定。在輪迴中，我們時而生天享樂，時而墮落地獄，什麼業力成熟了，就隨什麼業力投生，無法選擇，而又無可奈何。

其二，為不知滿足。眾生在無明慫恿下，不斷製造需求。尤其在今天，很多需求已被縱容得失去節制。為了滿足更多的需求，人們越發忙碌，也越發盲目，早已看不清這些需求的實質。為之付出最多精力的，往往不是生活所需，而是在社會唆使下產生的追求。換言之，我們消耗生命換來的，只是一些可有可無的東西。仔細想想，這是多麼難以對等的交易啊。

其三和其四，為數數捨身、數數受生。我們害怕死亡，卻不斷經受生離死別，不斷在死亡和受生中輾轉。不想死的時候，由不得自己；不想去的地方，同樣由不得自己。不必說投生，即使現前選擇的職業，接觸的環境，也往往是我們無力決定的。

其五，為數數高下，即地位忽高忽低，變化不定。在這種動蕩和變化中，痛苦在所難免。

其六，為無伴之過。人們都害怕孤獨，所以要成家，要尋求感情慰藉。但當我們要離開這個世界時，從來都是一個人獨自上路。即使血脈相連的親人，也無法攜手同行。當然，如果彼此業緣深厚，未來還會繼續相遇。但在一定時期，必定是孑然一身，無人相伴的。

思惟死亡無常和輪迴過患，不是為了讓我們陷入沮喪和痛苦中，而是為了提醒我們：現前一切都是不可靠的。否則就會處於習慣性的麻木中，以為可以這樣永遠過下去。一旦環境變化，痛苦就隨之而來。生活中時常可以看到，有些人事業做得熱火朝天，突然查出不治之症，於是手忙腳亂，不知所措。因為我們一生都在為眼前諸事忙碌，卻從來沒有為必然到來的死亡做過任何準備，沒有為生命的歸宿做過任何安排。我們要知道，現前擁有的人身，才是改變命運的唯一機會。如果不能發揮這一身分蘊含的價值，不能將難得易失的人身用於修行，一旦死亡到來，就會繼續流轉，悔之晚矣。

2・菩提心是出離心的延伸和圓滿

作為菩薩行者，在生起出離心的基礎上，還要進一步發起菩提心，將希求解脫之心從個人擴大到一切眾生。所以說，不論我們發的是出離心還是菩提心，都以成就解脫為目標，這是根本也是唯一的目標。並不是說，在解脫之外還有什麼更高、更究竟的解脫。

兩者的區別，只是在於所緣對象。出離心定位於個人解脫，而菩提心定位於一切眾生，發願和眾生共同解脫。佛教認為，在究竟層面上，「心、佛、眾生三無差別」。也就是說，個人與眾生是一體的，只是因為我執的錯誤設定，才產生了自他分別，造成了彼此對立。一旦放下這種錯誤設定，利他就會成為自覺而非違心的選擇，成為主動而非被動的行為。

從這個意義上說，菩提心就是出離心的延伸和圓滿。僅僅發起出離心，只能成就個人解脫。唯有與眾生共同出離，才能成就佛陀那樣悲智圓滿的品質。

五、發起願菩提心

願菩提心，就是「我要幫助一切眾生出離輪迴」的願望。對凡夫來說，這一願望並不容易生起。可以說，我們從來不曾有過這樣的願望。當然，這不是說我們從未幫助過他人。事實上，幾乎所有人都有過不同程度的利他行為，或主動，或被動，區別只是在於所緣對象的多少。但不論我們願意幫助的範圍有多廣，都無法遍及一切，因為凡夫的心行基礎就是有限的，充滿不平等的。

當我們面對眾生時，會有自他的分別，國家的分別，種族的分別，敵友的分別。我們會喜歡其中的一部分，也會討厭另一部分，而對更多的人則會視若無睹，沒有感覺。在這樣的心行基礎上，菩提心是難以生起的。就像播種需要良田一樣，我們也要營造與菩提種子相應的心靈環境，才能使之生根發芽，逐漸成熟。在佛典中，對菩提心的發起提供了兩條思路，一是七因果，二是自他相換。

1．七因果

七因果的修法，出自阿底峽尊者的《菩提道炬論》。所謂七因果，即發起菩提心的七個環節，分別是知母、念恩、報恩、修慈、修悲、增上意樂、發菩提心。這些步驟有著層層遞進的因果關係，引導我們對眾生生起平等悅意之心。所謂悅意，即通常所說的好感。發菩提心的最大阻礙是什麼？就是覺得這個眾生和我沒有關係。眾生是眾生，我是我，他的痛苦乃至死活都與我無關。而對那些沒有好感的人，我們非但沒有利他之心，甚至會把自己的快樂建立在別人的痛苦之上，在他們遭遇困難時幸災樂禍，拍手稱快。這是何等顛倒的行為！七因果的修行，是引導我們重新認識與眾生的關係。建立關係之後，才能逐步產生好感，進而對他們的痛苦感同身受。關於七因果的修習，可以從四個步驟進行。

第一步，思惟捨，對一切眾生生起平等之心。

凡夫因為好惡取捨，總是處於不平等的狀態，即使心生慈悲，也是局部的，有選擇的。而菩提心是平等無別的，這就必須放下現有的好惡之心。因為這種好惡來自內心的迷亂感覺，是由種種業緣所決定。從輪迴的眼光看，往昔的六親眷屬，早已成為陌路；現前的親人朋友，也不過是由因緣際會走到一起。一旦緣分散盡，還會各奔東西，沒有什麼固定不變的實質。此外，某些好惡會和心情有關，心情舒暢時看誰都順眼，心情鬱悶時看誰都彆扭。某些好惡又和利益有關，因為共同的利益，我們會對某些人產生好感，一旦關係改變，感覺也會隨之變化。

認識到好惡之心的虛幻，我們就不應該執著於此，為之欺騙，為之左右。這種思惟不僅要在座上修習，更要在座下運用。當我們以平等心看待一切眾生時，才能對治由好惡引起的貪嗔之心，長養佛菩薩那樣的無緣大慈，同體大悲。

第二步，思惟一切有情如母，培養對眾生的好感。

七因果的修行，首先要將眾生視為生身母親。其實儒家也有類似的思想，所謂「四海之內皆兄弟」。但現代人受唯物論影響，不易接受這一觀念，覺得母親只是唯一的那個，不可更改，不可替代，怎麼可能與千千萬萬的眾生有關呢？但從佛法觀點來看，人與人的關係不僅在於今生，更來自無盡的輪迴。我覺得，六道就像一個巨大無比的攪拌機，而我們是充斥其中的小小沙礫，在輪轉不休的顛簸中，忽而聚合，忽而分離。所以這種關係絕不是一條家譜式的直線，而是錯綜複雜的，充滿無限的可能性，包括骨肉至親的可能性。如果能以這一心態看待眾生，見到所有人，乃至所有生命，都不會因為與己無關而心生隔閡。

形成這一觀念後，還需要不斷鞏固。一方面，每天有一定時間在座上觀想，使之形成定解；一方面，在生活中不斷運用，見到一切眾生時都提醒自己：這就是我在輪迴中失散已久的親人，現在終於相逢，我要盡己所能地幫助他們，使他們離苦得樂。當然，以我們目前的心行，將眾生視為母親確實存在困難，可能會覺得很勉強，需要努力說服自己。但這不是問題，因為所有觀念都是逐步培養起來的。關鍵在於，認可這一觀念並反覆強化。

第三步，對如母有情生起念恩和報恩之心。

認識到眾生都曾是我們的母親，進而，還要思惟母親的恩德。現代社會不重視孝道教育，使很多人不知念恩，從未想過母親究竟為我們付出多少。須知，沒有母親十月懷胎，辛勤哺育，我們就不可能來到這個世界，更不可能長大成人。從這個角度來說，我們今天擁有的一切都離不開母親，哪怕以全部作為回報，也難與母親的生養之恩對等。

此外，還可以從另一個角度觀想眾生恩德。因為我們不是孤立地生活在這個世界，需要父母養育，需要老師教導，長大成人後，依然離不開社會大眾的給予。否則，我們就要自己種田，自己織布，自己製造生活所需。僅僅是每天的衣食住行，我們就得到了眾生多少幫助，多少付出啊。所以說，每個眾生都是對我們有恩的人，需要我們用感恩心回報。

現代人比較注重「自我」的感受，而從佛法來看，這個「自我」無非是一場徹頭徹尾的超級騙局。在這種感受的誤導下，人們很容易將自己和世界對立起來，甚至將每個人視為潛在的敵人，導致孤獨、自閉、抑鬱等心理疾病。如果換個角度，想著每個人都有恩於你，整個世界都在為你服務，那麼看到任何人都不會覺得陌生。

所以我們要經常提醒自己，讓心時時安住於感恩中。一旦這種感覺模糊，還要通過觀察修來強化：思惟眾生對我們的恩情，思惟到感恩心生起，並安住其中。在此過程中，觀察修和安住修要輪番進行。通過觀察修調動感恩心，然後以安住修將之固定下來，持續不斷。開始修習期間，這種感覺不可能長時間安住，它會逐漸模糊，逐漸邊緣化，逐漸被其他心行取而代之，這就需要再次調動。在反覆的調動和固定中，心行才會逐步穩定，最後達到任運自如的程度。

當我們在座上生起感恩心之後，還要將這一心行延伸到座下，在實踐中不斷運用，使之得到鞏固和增長。從現象來看，我們是活在同一個世界。事實上，我們又是活在各自的世界。因為觀念、心態不同，觀察角度不同，所以我們眼中的世界是各不相同的。倘能時時心懷感恩，就會活在感恩的世界，喜悅的世界。

第四步，思惟如母有情於輪迴受苦而心生慈悲。

慈是與樂，悲是拔苦。生起慈悲心，離不開念恩和報恩的觀修。為什麼我們對眾生的痛苦漠不關心？多半是覺得他們與己無關。如果是父母至親在受苦，我們還忍心視而不見嗎？還忍心不聞不問嗎？所以，對這種關係的思考非常重要。我們要思惟如母有情正在輪迴中受苦，其中有身體的痛苦，有心靈的痛苦，也有身心的雙重煎熬。在重重無盡的痛苦中，他們都在避苦求樂。事實上，這是一切生物的本能，也是人類文明的動力。但因為人們對自身的認識不足，所以這種解決往往只能起到暫時的緩解作用，難以真正奏效。佛法所說的與樂和拔苦，不僅要給予眾生暫時的安樂，更要給予他們究竟的利益；不僅要解除眾生眼前的痛苦，更要解除造成這種痛苦的源頭。

我們不僅要在座上思惟眾生的痛苦，還要到座下去觀察，去醫院，去孤兒院，去貧民窟，去農貿市場，去無數眾生受苦的地方，直到對眾生之苦有切身感受，並將悲心激發出來，發願以利益眾生為使命。當慈悲達到這個程度，才算進入菩提心。如果只是偶爾看到什麼現象同情一下，嘆息一下，轉眼就丟到腦後，那離菩提心還有很大的距離。因為菩提心是「我要解救眾生、利益眾生」的高尚意願，並將這種意願作為今生不可推卸的責任。聲聞人也修慈悲喜捨，也在弘法度眾，為什麼他們發的不是菩提心？原因就是缺乏這份擔當，這份捨我其誰的勇猛。

其實，每個人都有或多或少的悲憫心，但我們的悲心是狹隘的，是隨關係親疏、個人好惡而有分別和等級的。但在佛菩薩的境界中，沒有一個眾生是他們不願利益的，也沒有一個眾生不是他們慈悲的對象。宇宙有多大，法界有多大，佛菩薩的慈悲就有多大。這樣的慈悲是建立在空性基礎上，所以遍一切時，一切處。怎樣才能達到這樣的境界？需要不斷打開心量，從心裡裝著自己，裝著個別人，到百十人，再到千萬人；從裝進喜歡的人，到沒關係的人，再到討厭的人；從裝進人類，再到所有動物，最終是一切有情。

這種擴大，同時也在撤除我執的狹隘設定。世間所有界限都是人為的，正是這些設定，將可以容納虛空的心分割成有限的狹小空間。有了設定，還會進一步帶來對立，製造衝突乃至戰爭。世間所有的矛盾，都是這種自我設定的結果。修行所做的，就是將這些設定一一撤除，恢復心的本來，恢復心的無限。所以歷代祖師都把《行願品》作為修習菩提心的前行，因為其中講述的觀修原理是以虛空為參照，以法界為所緣。由此，可以直接類比佛菩薩的心行特徵。

慈悲和菩提心是相輔相成的，正如《普賢行願品》所說的那樣：「諸佛如來以大悲心而為體故，因於眾生而起大悲，因於大悲生菩提心，因菩提心成等正覺。」什麼是佛菩薩的體？什麼是佛菩薩的生命品質？正是無限的、遍及一切眾生的大悲。在這個基礎上，才能進一步生起菩提心。從另一方面來說，菩提心又能使悲憫心無限擴大，最終成就佛菩薩那樣的圓滿大悲。

2・自他相換

自他相換的修法，出自寂天菩薩的《入菩薩行論》，是將愛著自己的心轉向眾生，將捨棄眾生的心轉向自我。在發菩提心、修利他行的過程中，最大的阻礙不是其他，正是那個根深柢固而又有著種種詭計的我執。自他相換，恰是直接對治我執的殊勝法門。

我們有一點小小病痛時都覺得難以忍受，如臨大敵，對眾生的死活卻置之度外。因為我們只在乎自己，只覺得自己重要。這種自我的重要感，就是我執。當這顆心被自我占據全部空間時，對眾生自然是關閉的，無法相應的。那樣的話，怎麼可能體會他們的感受？怎麼可能與之同甘共苦？而菩提心的修行是要利益一切眾生，這就必須摧毀我執，將眾生納入心中，切身感受他們的喜怒哀樂，感受他們的真正需求。關於自他相換的修行，也可以從四個步驟進行。

第一步，思惟自他平等，化解彼此分別。

這是修習七因果的前提。如果有強烈的自他對立之心，便無法修習平等的慈悲。我們首先要認識到，所謂的自和他只是人為設定，是我們附加的標籤。在本質上，我們和一切眾生都是平等的，無分別的。具備這一心行基礎，才有可能修習廣大的慈悲。

第二步，思惟我執的種種過患，從而對治串習。

眾生時時都在關注自己，在乎自己，但這種感覺對我們究竟意味著什麼？我們的心因為這種在乎寧靜了嗎？生活因為這種在乎幸福了嗎？我們只在乎自己，同樣的，別人也只在乎他的感覺。如果每個人都執著於自我，那麼，感覺和感覺就會出現衝突，造成對立。

所以說，我執是一切煩惱的根源。因為我喜歡，所以要占有；因為我討厭，所以要抗拒，這就使我們總是徘徊在愛嗔和由此帶來的痛苦中。同時，我執還會造成我慢等種種習氣，總覺得自己勝人一籌，擺出高高在上、盛氣凌人的姿態。這樣的人，人們肯定不願與之交往，不利於建立和諧的人際關係。此外，我執還會導致不擇手段的行為，為了維護個人利益，不惜損害他人，造作惡行。可以說，我執是世間一切不良行為乃至犯罪的根源。

可能有人會說：如果我不愛自己，不在乎自己，怎麼過日子呢？事實上，沒有我執，並不影響你吃飯，不影響你走路，也不影響你和別人交往，一切仍可正常進行，但生活會因此變得簡單，變得健康。相反，一旦加上「自我」這個烙印，所有事情都會變得複雜而扭曲，讓我們患得患失，總怕這個「我」吃了虧，上了當。

那麼，我們所愛的這個「自我」，這個讓我們處心積慮為之效力的「自我」究竟是什麼呢？其實多數人並不了解。從佛法角度觀察，我們現有的生命體是由五蘊和合而成，包括物質部分的色蘊和精神部分的受蘊、想蘊、行蘊、識蘊。其中，色身是由父母給予的遺傳基因加上飲食滋養而成。但從識去投胎的剎那開始，我們就把這些物質當作「我」，執著不捨。我們現有的情緒和想法更非與生俱來，而是在成長過程中不斷積累的。所有這些原材料，哪一樣屬於「我」，哪一樣具有固定不變的特質？

生命相當於一個系統。我們總以為，系統中所有的表現都代表「我」。當我們生氣時，就覺得是「我」在生氣。既然是不容侵犯的「我」在生氣，大有必要讓這個氣生得更強烈些，更持久些，更引人矚目些。當我們想要得到什麼，也不考慮這種願望是否健康，是否有益，只要是「我」想得到，就應該得到。得到之後，又想著進一步超過別人，卻不考慮這種要求是否現實，是否有益。我們的很多不良情緒，就像心靈腫瘤一樣。當身體出現腫瘤時，我們會想方設法地尋醫問藥，積極治療。但心靈產生腫瘤時，我們往往熟視無睹，似乎那是與生俱來的一部分，是合理而自然的存在。很多時候，我們還在為這個腫瘤提供養料，使之不斷發展，不斷壯大。

佛法所說的無我，是幫助我們擺脫對「我」的錯誤執著。如果能以般若智慧觀照，就會發現，五蘊不過是因緣和合的一個工具，可以用它來工作，也可以用它來修道，用它來服務眾生，用它來成就世出世間一切功德。為了更好地使用這個工具，就要及時排除系統出現的一切故障，包括身體的，也包括心理的，才能使之發揮最佳性能。但很多人因為使用不當，反而淪為工具的奴隸，被「自我」的種種迷亂感覺左右。修習無我，首先要把這個系統當作客體看待。當念頭現起時，不是一頭扎入其中，而是將之作為觀察對象，就像你在看一本書，看一場電影，對起心動念都能了了分明，卻不陷入其中。那樣的人生，就會因放下而超然，因無住而自在。所以說，沒有我執一樣可以生活，而且可以過得更好。

第三步，思惟愛他的利益，生起愛他之心。

或許有人會說：我憑什麼要愛別人？憑什麼要發菩提心？發心對我有什麼好處？這也是很多人不願利他的主要障礙。對於凡夫來說，利益是作出判斷和選擇的重要參照。帶來利益的事，不必提出要求，自然有人趨之若鶩；不能帶來利益的事，即使再三動員，也很難有人自覺完成。這就需要通過觀修來認識，愛護眾生究竟能為我們帶來什麼利益。一旦了解這些，愛他就會成為我們的主動選擇。就像那些投資者，為什麼會心甘情願，甚至爭先恐後地付出？正是他們已經了解到，唯有暫時的付出，才能帶來豐厚的回報。那麼，愛他究竟有哪些利益呢？

如果我們愛護眾生，就不會造作殺生、偷盜等種種惡業，避免由此帶來的不良後果。如果我們愛護眾生，就會修習布施、忍辱等種種善行，招感未來的快樂果報。如果我們愛護眾生，也能得到眾生的回報和幫助，建立良好的人際關係。如果我們愛護眾生，對他人的成就由衷隨喜，而不是引發嫉妒、嗔恨等不良心態，就能時時歡喜，時時自在。如果我們真正把愛他和利他落實到心行，慈悲就能與日俱增，最終成就佛菩薩那樣的品質。這是世間最大也最究竟的利益。

認識到關愛眾生的意義後，還要讓心長久地安住其中，並將這種狀態帶入生活。因為利他不是口號，不是說一說、想一想就能完成的，必須落實到行動中，才能使眾生由此得益。同時，使我們通過利他善行來鞏固慈心，長養悲願。

第四步，思惟自他相換的利益，修習自他相換。

所謂自他相換，就是將我們現在珍愛和捨棄的對象加以轉換。通常，人們總以愛著、在乎對待自己，以冷漠、捨棄對待眾生。菩提心的修行，要將這份愛著自己的心，轉而愛護一切眾生；將捨棄眾生的心，轉而捨棄自我的重要感。換言之，就是把心目中自己的地位和眾生對調。

當然，這種交換並不容易進行。因為我們都有保護自己的本能，一旦觸及這種保護機制，我執會製造無數阻礙，有直接的抗拒，有間接的推脫，甚至有種種冠冕堂皇的理由，讓我們心安理得地繼續守衛「自我」的領土。怎樣才能對治？同樣需要從觀念調整，需要思考我執的過患，利他的好處。

《道次第》告訴我們：「我執是一切衰損之門，利他是一切功德之本。」世間一切罪惡、痛苦和煩惱，都是源於自私，源於對自我的錯誤執著；而一切利益、功德和快樂，都是源於利他，源於對眾生的無私幫助。生活中我們可以發現，越是在乎自己的人，越是活得不開心。因為他們永遠覺得自己在吃虧，覺得自己受了損失，覺得自己占的便宜還不夠多。在這樣的思惟循環中，怎麼可能快樂起來？反之，佛菩薩為什麼能成就無量功德？正是因為他們心中沒有自己，唯有眾生。有句話叫作「心底無私天地寬」，當我們放下「自我」的時候，並不會因此失去什麼，而是會擁有整個世界。

認識到我執過患和利他功德之後，我們難道還想繼續煩惱嗎？難道不想成就佛菩薩那樣的無量功德嗎？這就必須調整心行。一方面，將在乎對象鎖定為一切眾生，而不是那個被寵愛已久的「自我」。因為那種在乎只會為煩惱提供更多滋養，使之更堅實，更頑固。另一方面，則是將對眾生的冷漠轉向自己。這不是說，我們不再關心自己的身心健康，而是不再理會「自我」的種種詭計和要求，不讓它有可乘之機，不讓它有發展壯大的食糧。久而久之，這個得不到養分的「自我」就會逐漸萎縮，不再有興風作浪的能量。

自他相換的修行，是從正反兩方面來摧毀我執。因為我執和利他是兩個此消彼長的對手。當我執強盛時，很難提起利他之心。反之，當我們全身心地利他時，我執就沒什麼出場機會了。所以在印度和西藏的修行中，很重視自他相換。除了座上觀修外，我們更要在座下付諸實踐。把這個五蘊色身當作難得易失的利他工具，用來廣行六度，利益有情。

六、受持願菩提心

當我們通過七因果和自他相換的思惟發起願菩提心後，為了鞏固這一願心，必須對十方諸佛及六道一切眾生宣誓，也就是受菩提心戒。這不僅是一場儀式，更是對諸佛的莊嚴承諾，對眾生的莊嚴承諾。當我們作出這份承諾後，就沒有理由尋找藉口了。否則，凡夫心的最大特點是善於尋找藉口。只要不想做的事，只要和「自我」相違的事，總是能找到很多理由。宣誓的作用，一方面是強化願心，一方面是杜絕退縮的後路。

漢傳佛教是大乘，很多人以受菩薩戒為榮。但我們問問自己：是不是已經發起菩提心？是不是正在修習慈悲？如果既沒發心也不曾修習慈悲，算什麼菩薩？連泥菩薩都算不上。在受菩薩戒時，戒師會問：「你是菩薩嗎？發菩提心了沒有？」如果回答是否定的，是沒資格受菩薩戒的。

1・傳統依據

菩薩的真正內涵，就是慈悲和智慧。所以在印度和西藏的傳統中，都有關於傳授菩提心戒的記載。通過受持願菩提心，把「我要利益一切眾生，我要幫助一切眾生解脫輪迴」的願望確立為生命目標。

《瑜伽師地論・發心品》云：「又諸菩薩起正願心求菩提時，發如是心，說如是言：願我決定當證無上正等菩提，能作有情一切義利，畢竟安處究竟涅槃及以如來廣大智中。」菩薩要發菩提心時，必須這樣宣誓：希望將來證悟無上正等菩提，時時安住於如來的廣大智慧，以此利益一切眾生。

《顯揚聖教論》也告訴我們：「世俗發心者，謂如有一隨智者前恭敬而住，起增上意，發誓願言：長老憶念（或言聖者憶念，或言鄔波拕耶），我如是名，從今日始發阿耨多羅三藐三菩提心，為欲饒益諸有情故。從今已往，凡我所修布施、持戒、忍辱、正勤、靜慮及慧，一切皆為證得阿耨多羅三藐三菩提故。」

世俗發心，即願菩提心。發心時，須請求一位具格菩薩作為證明，以至誠心發願：「我某某人，從今天開始，為利益眾生發起阿耨多羅三藐三菩提心。從此之後，凡是我所修習的六度等一切善行，都是為了成就無上佛果。」因為只有成就佛果，我們才有更大的能力來幫助眾生，利益有情，所謂「為利有情願成佛」。

在岡波巴大師的《解脫莊嚴寶》和宗喀巴大師的《道次第》中，都有傳授菩提心戒的內容。根據這些經典，我也編寫了《菩提心戒受持儀軌》，包括請師、唱讚、戒師開示、請聖、大乘皈依、七支供、正授菩提心等內容。在發心之前，首先要稱念大乘皈依，然後以七支供打開心量，為發起菩提心營造良好的心靈氛圍。在正式宣誓後，還要發四弘誓願，這是菩薩道修行的總願。接著唱誦觀音讚，稱念觀音聖號。因為觀音菩薩是慈悲的象徵，所以念觀音菩薩就是念大悲心。這種稱念不僅是將觀音菩薩作為禮敬對象，更是將之作為學習榜樣，通過憶念而見賢思齊，於自身成就觀音菩薩那樣的大慈大悲。最後，發心者為速成佛道，利益一切眾生而至誠迴向。

2．正授儀軌

準備：於佛堂或大殿，打掃整潔，灑以旃檀等勝妙香水，供奉佛、菩薩聖像及《般若經》等聖典，陳設香花燈果等供品，盡其豐饒。善知識所坐之位，亦以香花莊嚴陳設，次請聖眾。弟子沐浴著鮮潔衣，恭敬合掌，於十方三寶前至誠生信。

（一）請師

發心者至和尚前，為求願菩提心而長跪合掌曰：

昔諸如來、應、正等覺，及入大地諸大菩薩，最初於無上正等菩提如何發心。弟子某某今亦如是，

請阿闍黎證明，我今亦於無上正等菩提而發心。（三請）

（二）唱香讚

爐香乍爇，法界蒙薰，諸佛海會悉遙聞，隨處結祥雲，誠意方殷，諸佛現全身。

南無香雲蓋菩薩摩訶薩。（三稱）

（三）戒師開示

開示菩提心教法及受持願菩提心的意義。

（四）請聖

和尚領發心者念，至誠迎請十方三寶慈光攝受：

香花迎！香花請！弟子某某一心奉請：盡虛空遍法界十方三世一切諸佛。

香花迎！香花請！弟子某某一心奉請：盡虛空遍法界十方三世一切尊法。

香花迎！香花請！弟子某某一心奉請：盡虛空遍法界十方三世一切賢聖僧。（三說三拜）

（五）大乘皈依

發心者憶念輪迴苦，憶念三寶功德，生起至誠皈依之心。和尚領發心者念誦：

諸佛正法賢聖僧，直至菩提永皈依，
我以所修諸善根，為利有情願成佛。（三說三拜）

（六）修七支供

發心者修七支供，集資淨障，打開心量，為發菩提心營造良好的心靈環境。和尚領發心者至誠念誦：

所有十方世界中，三世一切人獅子，
我以清淨身語意，一切遍禮盡無餘。
普賢行願威神力，普現一切如來前，
一身復現剎塵身，一一遍禮剎塵佛。
於一塵中塵數佛，各處菩薩眾會中，
無盡法界塵亦然，深信諸佛皆充滿。
各以一切音聲海，普出無盡妙言辭，
盡於未來一切劫，讚佛甚深功德海。
以諸最勝妙華鬘，伎樂塗香及傘蓋，
如是最勝莊嚴具，我以供養諸如來。

最勝衣服最勝香，末香燒香與燈燭，
一一皆如妙高聚，我悉供養諸如來。
我以廣大勝解心，深信一切三世佛，
悉以普賢行願力，普遍供養諸如來。
我昔所造諸惡業，皆由無始貪嗔痴，
從身語意之所生，一切我今皆懺悔。
十方一切諸眾生，二乘有學及無學，
一切如來與菩薩，所有功德皆隨喜。
十方所有世間燈，最初成就菩提者，
我今一切皆勸請，轉於無上妙法輪。
諸佛若欲示涅槃，我悉至誠而勸請，
唯願久住剎塵劫，利樂一切諸眾生。
所有禮讚供養福，請佛住世轉法輪，
隨喜懺悔諸善根，迴向眾生及佛道。
乃至虛空世界盡，眾生及業煩惱盡，
如是四法廣無邊，願今迴向亦如是。

（七）正授願菩提心

發心者思惟如母有情在六道輪迴中受苦受難，生起極大慈悲之心。和尚領發心者於十方諸佛菩薩及阿闍黎前宣誓：

唯願十方諸佛菩薩存念，阿闍黎存念：弟子某某，於此生及餘生，施性、戒性、修性，所有善根，自作教作，見作隨喜，以彼善根，如昔諸如來、應、正等覺，及住大地諸大菩薩，於其無上正等菩提如何發心。弟子某某，亦從今時乃至菩提，於其中間，於無上正等廣大菩提而為發心。諸未度有情為令得度，諸未解脫為令解脫，諸未出苦為令出苦，諸未遍入涅槃為令遍入涅槃。（三說）

（八）發願

發心者為利益一切眾生成就佛道，至誠發願：

眾生無邊誓願度，煩惱無盡誓願斷，
法門無量誓願學，佛道無上誓願成。（三說）

（九）唱觀音讚

唱觀音讚偈，稱念觀音聖號，憶念觀音菩薩功德，即是憶念大悲心。

菩薩號圓通，降生七寶林中。
千手千眼妙真容，端坐普陀宮。
楊柳枝頭甘露灑，普滋法界薰蒙。
千層浪頭顯神通，光降道場中。
觀音菩薩妙難酬，清淨莊嚴累劫修。
三十二應周塵剎，百千萬劫化閻浮。
瓶中甘露常遍灑，手內楊柳不計秋。
千處祈求千處現，苦海常作度人舟。
南無普陀山琉璃世界大慈大悲觀世音菩薩，
南無觀世音菩薩……

（十）迴向

發心者為速成佛道，利益一切眾生，至誠迴向：

發心功德殊勝行，無邊勝福皆迴向，
普願沉溺諸有情，速往無量光佛剎。
十方三世一切佛，一切菩薩摩訶薩，摩訶般若波羅蜜。

3．守護菩提心

受持願菩提心後，如何守護這一發心，使之穩定增長？可以通過三個方面修習。一是憶念菩提心的殊勝，在思想上深化；二是將修習菩提心作為每日定課，在心行上加強；三是將這一願望落實在利他善行中，在行為上鞏固。

首先，需要不斷憶念菩提心的殊勝。關於此，有兩品經文應該經常讀誦，一是《瑜伽師地論．發心品》，二是《華嚴經．入法界品》中彌勒菩薩關於菩提心的讚歌。這些經文可以幫助我們認識到，菩提心究竟有多大的利益和威德。通過口誦心念，隨文入觀，強化對發菩提心的意樂和希求。

其次，每天晝夜三次修習菩提心儀軌。修習儀軌的意義在於提醒自己：我的願望是什麼？生命的目標是什麼？因為凡夫心是動蕩而混亂的，如果不隨時提醒，剛剛發起的一念願心很快就會淡忘，就會模糊。所以需要通過每天修習來滋養這一菩提幼苗，使之茁壯成長，成為內心的主導力量。只有這樣，人生才不會陷入迷亂，才不會被外界誘惑干擾。如因特殊情況無暇修習完整儀軌時，至少要念誦「諸佛正法賢聖僧，直至菩提永皈依，我以聞思修功德，為利有情願成佛」三遍。總之，這一修習應當持之以恆，才能達到改善心行的效果。

此外，還要和座下的修行相結合。因為菩提心是以利益眾生為目標，需要通過六度四攝來貫徹，而不是作為口號那樣說一說，喊一喊。通過具體的利他善行，既可以使發心得到強化，也可以作為檢驗標準，看看我們究竟能不能言行一致，是不是將利他願望落到實處。

七、受菩薩戒

菩薩行，也稱行菩提心。對佛法修行來說，固然是以調心為重點，但也離不開相應的行為。一方面，發心是行為的指導；另一方面，行為也是對發心的落實，兩者是相輔相成的。而眾生直接從中受益的，主要還是菩薩的利他行。所以在發菩提心之後，需要進一步行菩薩行，使發心得到鞏固，成為主導人生走向的力量。

菩薩戒，正是將利他行規範化、法律化的條文，包括攝律儀戒、攝善法戒、饒益有情戒三部分。其中，攝律儀戒相當於聲聞的別解脫戒，重點在於止惡。而攝善法戒和饒益有情戒為菩薩戒獨有，重點在於行善。當善行以戒律形式出現時，對菩薩行者來說，就不再是可做可不做的選擇，而是必須遵守的行為準則，這就使菩薩行變得具體而有章可循。

關於菩薩戒的內容，漢傳佛教主要有三大體系。一是依《梵網經．菩薩心地品》建立，為梵網菩薩戒，流傳最廣；一是依《優婆塞戒經》建立，為在家菩薩戒；一是依《瑜伽師地論．菩薩地》建立，為瑜伽菩薩戒，也是我們介紹的重點。

《瑜伽師地論》是唯識宗的根本論典，由彌勒菩薩所造，共一百卷。論中廣說三乘修行的境行果，〈菩薩地〉正是其中之一。彌勒菩薩為娑婆世界下一任佛陀，他根據這個世界眾生的根機，從佛陀教法中，將適合我們修學的菩薩行整理出來。而梵網菩薩戒則是盧舍那佛在千華台上為釋迦佛及諸大菩薩所說，是大菩薩的境界。相對而言，瑜伽菩薩戒可以說是為娑婆眾生量身訂做的。當年，太虛大師曾大力提倡。我因為長期從事唯識教學，也感覺瑜伽菩薩戒開遮善巧，具有很強的可行性。

那麼，求受菩薩戒需要具備哪些條件，履行哪些儀式？

1．受者條件

求受菩薩戒的學人，應該具備三項條件。

首先，要學習瑜伽菩薩戒，了解其中的開遮持犯，衡量自己是否有能力實踐。如果覺得目前還做不到，也沒有想去做的願望，就不必急於求戒。因為受持菩薩戒是為了修習菩薩道，這是一種自覺行為，不是為了完成任務，更不是顯示自己多有修行。如果覺得受了菩薩戒就勝人一籌，只是為了取得炫耀的資格，就是顛倒而非正確的發心了。

其次，具備別解脫戒的基礎。受菩提心戒，只要皈依三寶即可。但求受瑜伽菩薩戒，至少需要具備五戒的基礎。對於菩薩來說，如果不殺、不盜、不邪淫、不妄語、不飲酒都做不到，算是什麼菩薩呢？怎麼可能利益眾生呢？

第三，已經發起菩提心，做好相應的心理準備。授菩薩戒時，戒師會問戒子：「你是菩薩嗎？是否已發起菩提心？」這是納受菩薩戒戒體的關鍵。遺憾的是，現在這番問答往往流於形式，並沒有多少實際意義。當我們回答「是」的時候，並沒有想過，這個回答包含著多少責任和擔當，也很少考慮，我們要為這個承諾做些什麼。如果回答是經過深思熟慮的，就不可能出現那麼多不知菩提心為何，也不修習慈悲的「菩薩」。須知，菩薩最大的特徵就是慈悲，而且是由修習菩提心成就的無緣大慈，同體大悲。正如前面所說的那樣，菩提心才是進入大乘的門徑，是大乘人的標幟，是區別二乘的不共所在。

具備這些條件，就有資格求受菩薩戒了。

2．戒師選擇

戒和尚是我們受戒的證人，也是菩薩戒體的傳承者。所以，戒和尚必須具備相應的德行和條件，才有資格為信眾傳授菩薩戒。關於戒和尚的選擇，《瑜伽師地論．菩薩地》告訴我們：

「又諸菩薩不從一切唯聰慧者求受菩薩所受淨戒。無淨信者，不應從受，謂於如是所受淨戒初無信解，不能趣入，不善思惟。有慳貪者，慳貪弊者，有大欲者，無喜足者，不應從受。毀淨戒者，於諸學處無恭敬者，於戒律儀有慢緩者，不應從受。有忿恨者，多不忍者，於他違犯不堪耐者，不應從受。有懶惰者，有懈怠者，多分耽著，日夜睡樂，倚樂臥樂，好合徒侶樂喜談者，不應從受。心散亂者，下至不能搆牛乳頃善心一緣住修習者，不應從受。有暗昧者，愚痴類者，極劣心者，誹謗菩薩素怛纜藏及菩薩藏摩怛履迦者，不應從受。」

這段經文為我們簡別了哪些人沒資格傳授菩薩戒，比如無淨信者、慳貪者、有大欲者、無喜足者、毀淨戒者、有忿恨者、多不忍者、有懶惰者、有懈怠者、心散亂者等等。反過來，則是戒和尚應該具備的德行，如淨信、不慳貪、無貪欲、持淨戒、不忿恨等。

師長是學人走上菩提路的嚮導和保障，如果不是合格的嚮導，就可能把弟子引入歧途，或在途中棄之不顧。所以聲聞戒非常重視對戒師的資格考查，如果戒師不具備相應條件，而戒子知道其中內情的話，就會影響戒子得戒。菩薩戒也是同樣，必須選擇受過菩薩戒並能遵循相關規範的如法戒師。唯有合格的菩薩，才能使戒子得到十方三寶的加持，納受菩薩戒戒體。

3．正授儀軌

菩薩戒的傳授儀軌主要包括四部分。

第一是請師。作為戒子，應當迫切希望成為菩薩，同時對戒師具足信心。只有這樣，才能如願獲得菩薩戒體。如果我們對受戒缺乏意樂，對戒師缺乏恭敬，即使受了菩薩戒，也不過是種點善根，未必會有什麼感覺，未必會在心相續中形成力量。凡不是我們迫切想要得到的，就不會在內心扎根。聲聞戒也特別強調，受戒時必須有殷重心，方能得到無作戒體。所謂殷重心，即真切、虔誠之心。

受戒是在完成生命中最崇高的宣誓，由此獲得有作和無作兩種戒體。有作的戒體，是在受戒當下獲得的，由身口意三業造作而成。而當這個行為過去後，會在內心形成「此應作，此不應作」的力量，為無作戒體。無作戒體雖然沒有形相，不可見聞，卻有著強大且相續的心理力量。就像曾經的海誓山盟，雖然已經過去，但它留下的記憶會深深鐫刻在心中，繼續產生影響。包括發毒誓，也是一種「受戒」，佛教稱為惡律儀。

別解脫戒和菩薩戒都屬於善律儀，能在內心形成防非止惡的力量。這種力量的形成，來自虔誠乞戒的心，來自如法的戒師和羯磨，所謂具緣成受。更重要的是，戒子應當發廣大心，緣一切境界而受。因為受戒不是普通的誓言，不是針對某個人或某些人的承諾，而是對法界一切眾生的宣誓，對十方三世一切諸佛的宣誓。當我們受不殺生戒時，是對十方三寶和法界眾生莊嚴承諾：從今以後，我將尊重一切生命，再也不傷害任何有情。如果我們以這樣的所緣來宣誓，不僅會在自身積累正面力量，還會和每個眾生產生良性互動，從每個眾生身上招感一份功德。正因為如此，受戒才具有無量功德。因為它是在幫助我們確立止惡行善的人生道路，幫助我們改善與法界眾生和整個世界的關係。這種意義不僅來自儀式本身，更來自內心對戒的希求。所以，受戒時必須以虔誠心請師。

第二是條件審查，就是前面所說的三個受者條件。

第三是宣誓正授戒法。此時戒師會問：「你是菩薩嗎？發菩提心了嗎？」求戒者應該回答：「我是菩薩，已經發起菩提心。」當然，僅僅這麼回答還不夠，關鍵是內心確實生起成為菩薩的意願，確實發心以自利利他為使命。如果只是停留於說法，並沒有相應意樂，也是無法得戒的。然後就是正式宣誓，內容為三聚淨戒，即攝律儀戒、攝善法戒，饒益有情戒。通過宣誓向法界一切有情表明：從今以後，我將以這些戒條作為自己的行為規範。此不應作，當努力戒絕；此應作，當勵力而行。

第四是戒師祈請十方三寶加持、作證，證明我們已邁入菩薩行列。當我們真正發心成為菩薩時，心就會和十方諸佛相應。因為我們已是承擔如來家業的佛子，已經擔負和諸佛菩薩同樣的責任和使命。

這是受菩薩戒過程中需要了解的要點。

4．三聚淨戒

關於三聚淨戒的內容，《瑜伽師地論・戒品》云：

律儀戒者，謂諸菩薩所受七眾別解脫律儀，即是比丘戒、比丘尼戒、正學戒、勤策男戒、勤策女戒、近事男戒、近事女戒。如是七種，依止在家、出家二分，如應當知，是名菩薩律儀戒。

攝善法戒者，謂諸菩薩受律儀戒後，所有一切為大菩提，由身語意積集諸善，總說名為攝善法戒。此復云何？謂諸菩薩依戒住戒，於聞、於思、於修止觀、於樂獨處精勤修學。如是，時時於諸尊長精勤修習合掌、起迎、問訊、禮拜、恭敬之業，即於尊長勤修敬事。於疾病者，悲愍殷重，瞻侍供給。於諸妙說施以善哉，於有功德補特伽羅真誠讚美。於十方界一切有情一切福業，以勝意樂起淨信心，發言隨喜。於他所作一切違犯，思擇安忍。以身語意已作未作一切善根，迴向無上正等菩提，時時發起種種正願，以一切種上妙供具供佛法僧。於諸善品恆常勇猛，精進修習，於身語意住不放逸。於諸學處，正念正知。正行防守，密護根門。於食知量，初夜後夜常修覺悟。親近善士，依止善友。於自愆犯，審諦了知，深見過失。既審了知，深見過已，其未犯者，專意護持。其已犯者，於佛菩薩同法者所至心發露，如法悔除。如是等類，所有引攝、護持、增長諸善法戒，是名菩薩攝善法戒。

云何菩薩饒益有情戒？當知此戒略有十一相。何等十一？謂諸菩薩於諸有情能引義利彼彼事業，與作助伴。於諸有情隨所生起疾病等苦，瞻侍病等亦作助伴。又諸菩薩依世出世種種義利，能為有情說諸法要。先方便說，先如理說，後令獲得彼彼義利。又諸菩薩於先有恩諸有情所善守知恩，隨其所應，現前酬報。又諸菩薩於墮種種獅子、虎狼、鬼魅、王賊、水火等畏諸有情類皆能救護，令離如是諸怖畏處。又諸菩薩於諸喪失財寶、親屬諸有情類善為開解，令離愁憂。又諸菩薩於有匱乏資生眾具諸有情類，施與一切資生眾具。又諸菩薩隨順道理正與依止，如法御眾。又諸菩薩隨順世間事務言說，呼召去來，談論慶慰，隨時往赴，從他受取飲食等事。以要言之，遠離一切能引無義違意現行，於所餘事心皆隨轉。又諸菩薩若隱若露，顯示所有真實功德，令諸有情歡言進學。又諸菩薩於有過者，內懷親暱，利益安樂，增上意樂調伏、呵責、治罰、驅擯，為欲令其出不善處，安置善處。又諸菩薩以神通力方便示現那落迦等諸趣等相，令諸有情厭離不善，方便引令入佛聖教，歡喜信樂，生稀有心，勤修正行。

任何一種戒都有相應的戒相，如五戒為不殺、不盜、不邪淫、不妄語、不飲酒五項。八戒則是在五戒基礎上增加三條：一是不著香華鬘，不香塗身，不歌舞倡伎，不往觀聽；二是不坐高廣大床；三是不非時食。此外，還有沙彌十戒、比丘二百五十戒、比丘尼三百四十八戒。菩薩戒的戒相，有梵網戒的十重四十八輕，瑜伽戒四重四十三輕，優婆塞戒的六重二十八輕。雖然具體戒相存在差別，但都是由三聚淨戒組成。

第一是攝律儀戒，即七眾別解脫戒，包括在家的五戒、八戒，出家的沙彌戒、比丘戒、比丘尼戒等。其特點是偏向止惡，幫助我們止息一切不善行為，又稱止持，即以止為持。通過「此不應作」達到持戒目的，進而止息內心的不善相續。

第二是攝善法戒，包括發菩提心到圓成佛果過程中所應修習的一切善行，主要為布施、持戒、忍辱、精進、禪定、般若六度。布施，即以自己的財物或能力與大眾分享，包括財施、法施和無畏施三種，或以財物救濟貧苦，或以正法導人向善，或為眾生驅除恐懼。持戒，即依佛陀制定的行為規範收攝身心，此為正順解脫之本，亦為無上菩提之本，能夠出生一切善法。忍辱，即忍受種種違緣而不起嗔恚，其特點為不忿怒、不抱怨、不懷惡。精進，即勇猛修習善法，斷除惡法，心心相續，不自放逸。禪定，包括思惟修和安住修，思惟所對之境，並定止一境而離散動。般若，是將眾生由生死此岸度往涅槃彼岸的無上智慧。唯有在般若智慧的指引下，前五度才能成為佛果資糧，否則，所修布施與人天善法並無本質區別。

第三是饒益有情戒，即利益眾生的行為，是菩薩攝受眾生的方便法門，主要內容為布施、愛語、利行、同事四攝。四攝同樣以布施為首，這是與眾生廣結善緣的捷徑。當他人願意靠近你、接受你的時候，心才會向你打開，你才能進一步導之以正法。愛語，是隨眾生根性而善言以對。因為忠言往往是逆耳的，這就需要輔以善巧方便，使眾生樂於接受你所說的真實語、利他語。利行，是通過身體、語言、思想三方面的善行利益眾生，使人心生歡喜而親近佛法。同事，是根據眾生的接受程度，以他們喜聞樂見的方式為之示現，使他們在不知不覺中於佛法受益，這是「潤物細無聲」式的教化方式。

我們想要成為菩薩行者，就要真正發起利益大眾的心，自覺遵循菩薩應有的行為規範。在止惡的基礎上，廣行六度，四攝化他。

八、行菩薩行

1．菩薩行的內容

成佛不是成就外在的什麼，而是慈悲和智慧兩大品質。所以，宗大師在《道次第》中特別強調：

方便與慧，隨學一分，不能成佛。故須轉入修成佛之方便，然彼亦須一不錯之方便。途徑若錯，任幾許努力，果仍不生，如欲取乳而掣其角也。又雖認為不錯，若支分不全，亦費力無果。譬同種子水土等，若隨一不具，苗即不生。此《修次中編》所說也。

若爾，何為全而不錯之因緣耶？《大日經》云：「彼一切種智者，是從大悲之根本生，是從菩提心之因生，是以方便而到究竟。」此中悲者，如前已說。菩提心者，世俗、勝義二菩提心。方便者，施等皆圓滿也。

世間任何成就都離不開方法，成佛也是同樣，否則再多的努力也是徒勞。關於此，宗大師有一個非常生動的比喻：就像擠牛奶，應該在牛的乳房去擠，如果在牛角用力，無論費了多少功夫，花了多少時間，也不可能有收穫。佛法是心地法門，這就需要了解心行的運作規律，輔以正確方法，才能達到四兩撥千斤的效果。否則，非但達不到預期目的，甚至有可能走火入魔，這種情況比比皆是。因為心是非常微妙的，就像充滿岔路和陷阱的迷宮，稍有不慎就會誤入歧途，把幻影當作境界，把迷妄當作究竟。

所以《道次第》特別告訴我們：修行有兩個關鍵，一是方法正確，二是內容完整。成佛究竟成就什麼？一是成就解脫，獲得出離生死、解脫輪迴的能力，這就需要以空性慧為因。二是成就慈悲，成就無緣大慈、同體大悲的品質，這就需要以菩提心為因。

怎樣才能成就空性慧？有人開始修行就強調無分別，並將分別等同於顛倒執著，其實這是不對的。在學佛之初，首先就要學會分別，當然是正確而非錯誤的分別。否則的話，以什麼來調整心態，糾正偏差呢？作為凡夫來說，我們現前的心行狀態是建立於無明之上，和空性並不相應。如果不以分別作出取捨和調整，是不可能在這種顛倒狀態下見道的。所以學佛的常規途徑就是親近善知識、聽聞正法，由此而能如理作意，法隨法行。八正道特別強調正思惟的作用，在契入空性前，這種思惟是貫穿始終的。直到心行接近空性時，才需要進入無分別。因為分別只是調整心行的方法，無分別智才是契入空性、現證實相的力量。但這種無分別不是憑空而有的，必須以分別為前提，以正思惟為前提。如果開始就想不分別，那就是古德呵斥的籠統、顢頇，是盲修瞎練。

在修習解脫的同時，還要成就慈悲。佛陀是福智兩足尊，具備圓滿的福德和智慧。這種福德的成就，來自佛陀多生累劫的修行。本生故事記載，佛陀在因地時，以各種身分廣行利他事業，甚至數數捨身，最終圓滿福德資糧。人天路上，修福為先，沒有福報，在世間將寸步難行。修行同樣離不開福報，否則，即使有心學佛，也往往會有各種障礙。或是要為生存奔波，沒有時間；或是病魔纏身，沒有精力；或是天生愚痴，沒有能力，等等。除了自身條件外，還要有緣聽聞正法，有緣得到善知識的引導，這些都需要福報。在那些邪教信徒中，不少人也是一心向道，力求解脫，但由於缺乏福德因緣，結果誤入歧途，斷送法身慧命。

《道次第》中，宗大師特別批評了不重聞思和輕視修福兩種錯誤觀點，認為這是修行誤區，不能將學人導向無上菩提。在成佛路上，方便與慧有如車之兩輪，必須齊頭並進方可，所謂「方便與慧，任缺其一，不得成佛」。

2．菩薩行的特徵

此處所說的菩薩行，主要指布施、持戒、忍辱、精進、禪定、般若六度，又稱六波羅蜜。波羅蜜為梵語音譯，意為到彼岸。也就是說，六度是幫助我們抵達成佛彼岸的六種行為。其實，這些內容在人天乘或聲聞乘也有涉及，但他們所修的布施、持戒只是人天善法，只能導向解脫，無法成為佛果資糧，故不可稱為波羅蜜。

那麼，菩薩所修六度有什麼不共之處呢？《大乘阿毗達磨雜集論》告訴我們：

> 云何施波羅蜜多相？謂諸菩薩安住菩薩法性，菩提心為依止，以悲導心，捨一切時所有身語意業。如是由種性故、願故、意樂故、事故、自體故，顯施波羅蜜多相。種性者，謂菩薩法性。願者，謂菩提心。意樂者，謂悲導心。事者，謂捨諸所有。自體者，謂身語意業。

也就是說，菩薩所修的六度，一一都要貫穿種性、願、意樂、事、自體等相。

一是種性，即具備菩薩種性，有樂於助人的稟賦。菩薩之所以能廣行六度，利益大眾，正是建立在這一種性的基礎上。生活中可以看到，很多人生來具有菩薩心腸，當別人遭遇困難時，就會主動扶貧濟困，施以援手，根本不需要多加考慮。反之，有些人雖然學佛後覺得應該幫助他人，但真正要做的時候總是非常勉強，需要特別努力地說服自己。這就是由不同種性造成的，或者說，是由不同生命起點造成的。

二是願，即以菩提心為依止。菩薩所修布施等六度，都是以菩提心為因，本著「我要利益一切眾生，要幫助一切眾生解除痛苦」的願望而修習。如果為了獲取個人名聞利養幫助他人，即使在客觀上能使對方得到利益，但並不屬於菩薩行。

三是意樂，即以悲導心。菩薩修習六度，純粹是出於對眾生的悲憫。而世人的善行往往是有雜質的，比如布施，或是要顯示財富，或是要誇耀品行，或是做了壞事心懷歉疚等等，很少是純粹的悲心使然。所以，雖然有很多人在布施，在利他，但離真正的菩薩行還是有距離的。

四是事，即捨諸所有，為利他甘願捨棄一切，包括寶貴的生命。或許有人會心存疑惑：佛陀不是總告誡我們人身難得，當倍加珍惜嗎？為什麼又讚歎捨諸所有，甚至獻出生命呢？這麼說是有前提的，必須是為了利他而捨，為了成就菩薩行而捨，絕非一時的魯莽或衝動，而是經過抉擇後的正確取捨。即使具備這個前提，也要量力而行。對已證悟生死自在的大菩薩來說，捨身如棄敝屣，毫不足惜。但對尚未達到這一境界的初發心菩薩來說，還需要利用色身精進修學，上求下化，不可輕易捨棄。

五是自體，即身語意業，菩薩所修的利他善行包含身語意三業，或是以行動幫助他人，使對方從中獲益；或是以愛語稱讚他人，使對方心生歡喜。這樣的言行，都要出自真誠的利他願望。

具備以上特徵，我們所做的一切才屬於菩薩行。否則，即使修習施等六度，往往還是停留於人天善行，無法上升為佛果資糧。

3．菩薩行的修習

從廣義上說，一切從菩提心出發，並能給眾生帶來利益、安樂的行為都是菩薩行。但從修學角度來說，主要圍繞布施、持戒、忍辱，精進、禪定、般若六度進行。

（1）布施的修習

布施有三。一是**財布施**，其中又有內財和外財之分。外財即物質財富，這也是社會大眾最熟悉的布施方式。內財則是以自己的勞動，甚至色身所有來幫助眾生，如無償獻血、骨髓捐贈和器官捐贈等。

二是**法布施**，即以佛法開導眾生，幫助他們了悟生命真相。眾生最大的問題就是無明煩惱，就是生死輪迴。所以，法布施才是對他們最究竟的幫助。《金剛經》中，反覆以校量功德說明了這一原理。因為財富解決的問題是暫時的，而法布施能從根本上解決生命的核心問題，使眾生獲得自新、自救、自力更生的能力，其作用是長久的。作為佛弟子，能參與法布施，是迅速積累功德法財的捷徑。從世間法來說，教導眾生獲得技術技能，具足謀生能力，也屬於法布施的範疇。

三是**無畏施**，即給予眾生安全感，為之消除恐懼。如佛法提倡的五戒，在規範自身行為的同時，就能起到無畏施的效果。如果我們不殺生，他人就不必擔心被你欺凌傷害；如果我們不偷盜，他人就不必擔心被你巧取豪奪；如果我們不邪淫，他人就不必擔心家人和你一起時被騙失身；如果我們不妄語，他人就不必擔心被你的花言巧語所蒙蔽；如果我們不飲酒，他人就不必擔心你失去理智。一個嚴持五戒的佛子，大家和你在一起是很有安全感的。當然，無畏施不僅指這些，還包括對眾生積極主動的救助。當眾生遇到恐懼或危難時，菩薩行者絕不能見死不救，而要盡力幫助他們從中解脫出來。這也是菩薩和聲聞的區別所在，聲聞戒的重點在於止惡，不要求必須行善，做了固然是好，不做也不會觸犯戒律。而菩薩戒則是止惡與行善並進，如果在眾生需要幫助時逃避責任，就是嚴重的犯戒行為，需要加以對治。

對凡夫來說，布施的障礙主要在於我執。凡是我們得到的東西，總會貼上自我的標籤，執著於此，不願捨棄，所以真正有布施習慣的人並不多。事實上，我們貪著的這些又給自己帶來了什麼？因為貪著，總是要嚴密守護，唯恐失去，整日提心吊膽。一旦有所損失，就悔惱萬分，追悔莫及。且不說財富隨時可能轉換主人，即便我們在有生之年能牢牢抓住，臨終時也得兩手空空而去。如何讓財富對生命具有長遠意義？布施是最好的途徑。

布施的利益主要表現為四點。

第一，**克服慳貪吝嗇**。財富變化之所以會給我們帶來傷害，根源就是內心的貪著受到衝擊。否則，一切變化都不過是世間常態，是一些抽象的數字變化。所以在布施財物的同時，也會將執著和煩惱一同捨棄，何樂而不為？

第二，**布施能使眼前利益轉為長遠利益**。一個人即使擁有千萬乃至億萬的家財，可實際的生活所需能有多少？有再多房子，不過睡一張床；有再多汽車，不過占一個座。既然我們能享用的如此有限，為什麼不將眼前利益轉變為長遠利益？生活中，每個人的福報相差很大，這不是由於上天不公，而是來自往昔的不同積累。今生勤於播種，未來自然會繼續收穫，繼續受益。

第三，**布施能使福德資糧迅速增長**。對修行來說，福德和智慧都不可或缺，所謂「修慧不修福，羅漢托空缽；修福不修慧，大象掛瓔珞」。如果不積累福德，即使證悟阿羅漢果，也會缺乏道糧。更何況，菩薩還要廣行利他事業，這都需要相應的福報來成就。

第四，**布施能成就慈悲的修行**。我們本著悲心修習布施等六度，在行善過程中，悲心又能得到增長，得到強化。這種行為和發心是互相增上的，如果說悲心是出生善行的種子，那麼，善行就是滋養悲心的甘露。

反之，不願布施會使貪著和由此帶來的煩惱繼續增長。我們對財富、情感的執著有多少，由此帶來的傷害就有多少。所以我們要不斷思惟布施給人生帶來的利益，思惟不修布施的過患，令心安住於布施的意樂中。同時，在座下隨力隨分地實踐，或以財富救濟貧困，或以技能教人謀生，或以微笑給人信心，或以語言予人慰藉。總之，只要我們有布施之心，不論經濟條件如何，都有機會幫助他人，都有能力做一個對社會大眾有用的人。

（2）持戒的修習

菩薩戒包括攝律儀戒、攝善法戒和饒益有情戒。相關內容前面已有介紹，此處不再重複。對於持戒的修習來說，真正的重點，是認識到持戒的利益和毀戒的過患。具備這一認知，持戒才會成為我們主動的選擇，而不是視為約束。在不少人心目中，持戒無非是以很多條條框框來限制自己，無異自討苦吃，甚至認為這是對人性的扭曲，和當今社會提倡的個性解放、民主自由背道而馳。是不是這樣呢？

我們知道，再民主的社會都需要法律作為保障。如果國家沒有法律，似乎大家都能充分享受自由。但那樣的話，人類的劣根性就沒有任何約束，誰都可以殺人，可以偷盜，可以搶劫，如果說那樣的社會是「自由」的，不如說是人人自危、處處恐怖的，相信沒人想要那樣的「自由」。所以說，制定法律的目的不是為了約束，而是通過對行為的規範來保障大眾安全。

持戒的作用也是同樣。它能使我們止息惡行，止息生命的不良相續，從而淨化身心，擺脫煩惱。凡夫都處在貪嗔痴的狀態中，表面來看，似乎我想吃就吃，想花錢就花錢，想做什麼就做什麼，其實早已被欲望支配，被煩惱操縱，是不能自主的。從另一方面來說，外界誘惑之所以會構成影響，正是因為我們內心有某種力量與之相應。如果沒有這些力量在蠢蠢欲動，任何誘惑都是無法生效的。所以，真正的自由不是外在的。即使環境再寬鬆，只要我們內心還有煩惱，依然會被束縛，依然是不自由的。

作為社會的一分子，我們需要自律。儒家提倡的「非禮勿視，非禮勿聽，非禮勿言，非禮勿動」，也是為了幫助人們培養自制力。這種自制力源於對自身的尊重和愛護，是希望自己向聖賢看齊。當我們受持戒律後，開始也很難做到。此時戒體的力量還很弱，需要通過不斷持戒來強化。久而久之，就會從開始的刻意自制轉變為修養，轉變為人格。外在誘惑和內在煩惱的影響就會越來越小，無須刻意持戒，也能如法如律。

持戒不僅能使我們止息不良串習，更能長養慈悲。如攝善法戒和饒益有情戒，就是將六度四攝等善法通過法律條文固定下來，以此宣導善行，使慈悲種子得以增長。當我們真正認識到持戒的意義，認識到毀戒的過患，就會以歡喜心受持戒律。總之，戒律是保障我們安全行進在菩提路上的心路規則，也是幫助我們獲得身心健康的行為矯正器。

（3）忍辱的修習

忍辱，能滅盡忿怒怨仇，令自他安隱，包括耐冤害忍、安受苦忍和諦察法忍三種。耐冤害忍，是忍耐冤家仇敵的傷害。安受苦忍，是忍耐艱苦的環境，如飲食粗陋、環境惡劣及修行過程中的各種考驗。諦察法忍，是對無常、無我等與日常觀念相距甚遠的真理安然認可，信解真實，心無妄動。

對世人來說，忍也是一大障礙。俗話所說的「士可殺不可辱」及「君子報仇，十年不晚」之類，從佛法角度看，是完全錯誤的。所以不可辱，所以要報仇，無非是因為這個「我」受到了打擊，受到了傷害。如果認識到「我」不過是假名安立，是虛幻的，哪裡還有什麼侮辱需要忍耐，有什麼仇恨需要報復？當然，忍也要有智慧。如果一味硬忍，很容易因此造成心理疾病。真正的忍，是「忍無可忍」。就像虛空包容一切，大地承載一切，它們不覺得要排斥什麼，所以也不需要忍耐什麼。

《瑜伽師地論》論及忍辱時，讓我們作五種觀想。

一是**宿生親善想**。想到眾生曾和我們互為親人，既然是對於親人，我們還有必要計較嗎？

二是**隨順唯法想**。生命只是五蘊的聚合體，是一大堆混亂情緒加上錯誤想法，其中並不存在你我之分。人人都像煩惱波濤中的落水者，浪打向哪裡，就身不由己地沖向哪裡。所以當他人對自己懷恨或加害時，我們要知道，這種嗔恨其實不能代表對方，只是煩惱的波濤在作怪，使雙方都成為這種情緒的受害者。這樣觀察的話，就能於對方心生同情，而不是因為自己受害而生氣，而委屈。當我們把其中的「你」、「我」抽掉，如實觀照一切時，就沒什麼非氣不可的理由了。

三是**無常想**。生命是無常的，不論誰是誰非，終歸都要死亡。你計較也是無常，不計較也是無常，何必為此費心，為此苦惱呢？

四是**苦想**。在這個娑婆世界，我們被種種痛苦逼迫，包括環境帶來的痛苦，色身帶來的痛苦，煩惱交織的痛苦。正因為大家都在痛苦中，更應該互相體諒，互相扶持。一個狀態良好、心理健康的人，是不會處處與人為難的。只有心懷怨恨，才會像隨時就要噴發的火山那樣，一觸即發。如果我們和他計較，也將被巨大的憤怒燒灼，被蔓延的怒火點燃，結果只能是苦上加苦。

五是**攝受想**。作為發起菩提心的菩薩道行者，已發願將一切眾生作為救度對象，所以除了那些對他們有利的事，別的都不應該再做。

當我們面對逆境時，如果能從這幾方面思考，就會發現，並沒有什麼值得生氣的事。佛法所說的忍辱，不是生氣後再去忍耐，而是當下就以智慧觀照它、超越它。當內在的憤怒被解除後，外在的敵人也就隨之消失了。為什麼會有敵人？正是因為我們內心有怨恨。只要解除怨恨，自然就不存在什麼敵人。那樣，不僅我們自己安然自在，周圍的人也會感受到這種祥和的氣息。否則就會以怨報怨，使世界充滿仇恨和暴戾之氣，導致流血、衝突乃至戰爭。正像佛陀所說的那樣，唯有慈悲才能止息怨恨，化敵為友，而怨恨只能使矛盾不斷升級。

此外，我們還要克服修行過程中的種種考驗。聞法會懈怠，禪修會昏沉，拜佛會勞累，念佛會疲倦，其中有身體的障礙，也有心理的障礙，不少人因此退卻了。但我們要想到，世人為了生存尚且要起早摸黑，奔波勞碌，其間還難免造作惡業。我們現在為了追求真理，追求解脫，如果不付出一點代價，能有收穫嗎？尤其在初修階段，特別需要忍耐，需要和不良串習鬥爭。但這些努力將使我們擁有全新的人生，是非常值得的。有了這些認識後，就會對忍辱生起意樂，以正確的觀照面對怨家，面對逆境，面對修行中的種種考驗。

（4）精進的修習

精進，是遠離懈怠等不善行，出生無量善法並令其增長，包括披甲精進、攝善法精進、饒益有情精進三種。披甲精進，就像勇士上陣要身披鎧甲，才能深入敵陣，所向披靡。《四十二章經》說：修行如一人與萬人戰。我們想在內心樹立佛法正念，但需要面對無始以來的串習，面對重重無盡的誘惑，如果沒有精進，很難從串習和誘惑中脫身而出。攝善法精進，是在修習六度過程中付出的努力。饒益有情精進，就是堅持不懈地做利益眾生的善行。

凡夫總是在惰性中。這種惰性不是說什麼都不做，而是墮入一種不良習性。比如有些人喜歡吃，會到處尋覓美食；有些人喜歡玩，會到處遊山玩水；有些人喜歡賺錢，會想方設法地四處賺錢；有些人喜歡賭博，會不顧一切地流連賭場。雖然看起來很忙碌，甚至很辛苦，但都屬於惰性，因為他們只是在不良習性的驅使下無法脫身。這種習性就像地球引力一樣，具有強大的力量。人為什麼難以進入太空？就是被地球引力牢牢抓住，否則就可以在十方世界自在遨遊。人為什麼會被不良習性抓住？就是生命內在的惰性使然。我們要戰勝惰性，一方面需要勇猛，另一方面，需要相應的善巧。

如果沒有善巧，我們想爬到屋頂都很困難。但如果有善巧，有方法，甚至可以登上月球，漫步太空。

學佛，正是幫助我們掌握擺脫惰性的方法。然後還需要不斷精進，使所學方法產生作用。精進所做的，就是止惡和行善。一方面，對已經生起的不善行為立即制止，對尚未產生的不良串習刻意防範。另一方面，對已經修習的善行繼續努力，對尚未生起的善行積極啟動。這就是三十七道品中「四正勤」的內容：已生惡令斷，未生惡令不生；未生善令生起，已生善令增長。由此可見，精進是有特定內涵的，不是所有努力都能稱為精進。唯有對止惡修善所做的努力，才是佛教提倡的精進。

進一步，我們還要認識到懈怠的過患。正是因為對改造生命的懈怠，才使我們流轉六道。如果不能改變這種現狀，生命將淪陷於此，如老象溺泥，不能自拔。而精進則是奮發向上的力量，使我們擺脫惰性，走向解脫。認識到精進功德和懈怠過患，就要讓心安住在精進的意樂中，在座下努力修布施、持戒、忍辱、禪定和般若。

（5）禪定的修習

禪定的修行也有三品。一是關於現法樂住的禪定，通過禪修令身心輕安。二是通過禪修引發自身的解脫能力。三是幫助我們更好地利益眾生，屬於饒益有情靜慮。

凡夫的心總在散亂和掉舉間搖擺，用現在的話說，就是躁動不安。在我們的心靈舞台，各種情緒和想法不停地跳動，此起彼伏，使得我們無法看清自己的心。就像一潭渾濁的水，因為淤泥重重，根本不知道水底有些什麼。當我們希望專心思考時，又有各種不請自來的念頭在干擾，使心不能穩定，無法生起觀照。

禪修是幫助我們把心安住在善所緣，使妄念逐步平息，這樣我們才有能力看清自己的心。否則，那顆永不安分的心就會向外攀緣，即使獨處一室，第六意識也會不斷將內心的各種種子翻騰起來，製造混亂。所以說，禪定可以幫助我們獲得持續、穩定的心力，再進一步修觀，開顯無漏智慧。就像因沉澱而變得清澈的水，可以映照萬物，纖毫畢現。

修習禪定，首先要了解禪定的功德及散亂的過患，然後選擇善所緣為業處，通過不斷修習，使心獲得專注和穩定，這是成就正念、開發空慧不可缺少的基礎。

（6）般若的修習

般若，是徹見一切諸法實相的究竟智慧，也包括三種。一是通達空性的智慧，為無我慧。二是通達俗諦的智慧，掌握醫學、工藝等世間所需的知識和技能。三是利益眾生的智慧，即攝受眾生的方便。對於佛法修學來說，智慧至關重要。正是因為缺乏智慧，眾生才時時處於無明狀態，產生我執等迷亂感覺。

生命本身是具有覺醒能力的。佛是覺者之意，代表生命的覺醒。般若慧的作用，一方面是幫助我們破除無明，清除心靈垃圾，一方面是引導我們正確修習菩薩行。如果沒有智慧引導，我們所修的布施、持戒、忍辱、精進、禪定就會失去方向，只能成為普通的世間善行。唯有在般若的引導下，五度才能得到昇華，成為佛果資糧。

般若的修習，同樣要了解到般若的功德及無明的過患，通過聞思經教樹立正見，然後將正見轉化成觀照力，由觀照般若的力量，最終成就實相般若。

修習六度，可以不斷消除凡夫心的雜染力量，通過布施對治貪著，通過持戒對治放逸，通過忍辱對治嗔恨，通過精進對治懈怠，通過禪定對治散亂，通過智慧對治無明，使智慧和慈悲逐漸圓滿。

九、菩薩行與空性見

作為凡夫，我們所修的菩薩行是建立在無明和我執之上，是有限而有漏的。我們希望平等利益眾生，卻很難真正做到，因為現有的心行就充滿著愛憎，充滿著不平等。唯有到初地菩薩，證悟平等無別的空性後，才能平等對待眾生。具備這一見地基礎，所發的菩提心才是勝義菩提心，所修的菩薩行才是無漏聖賢行。

那麼，我們又該通過什麼樣的修行來證悟空性？這裡主要給大家提供兩點，一是關於無我的認知，二是關於無自性的認知。

1·無我

從佛法觀點來看，所謂的「我」，只是五蘊假合而成。無論現前這個色身，還是種種的觀念想法，並非天生存在，而是來自生命延續過程中的積累。我們的身體，是由父母的遺傳基因和後天飲食滋養而成；我們的觀念，則是在成長過程中，通過學校、家庭、社會的影響和個人思考積累而成。其中，哪有什麼固定不變的「我」？只要看看我們的身體，從出生到現在，有哪一天不在變化中？又有哪個時刻不在新陳代謝中？再看看我們的想法，從少年到現在，又經歷了多少轉折，多少追尋和否定？

即使能將兒時的理想堅持一生，也必然經過了充實，經過了調整。

所以說，我們的身體、想法和情緒只是客體，是我們在特定時期使用的一項工具，而非我們以為的自我。觀照的作用，是幫助我們對這個客體加以檢修，這也是生命本身具備的自檢能力。通常，我們總是習慣向外攀緣，總是在觀察外在世界，卻從不懂得將目光收回來，看看這個會說、會動、會高興、會痛苦的究竟是什麼？究竟和我們在乎的那個「自我」有什麼關係？如果能將色身和起心動念當作客體來觀察，就不會被所謂的「自我」干擾，陷入由此而來的種種問題。

世間所有的痛苦，都是因為貼上「自我」這個標籤造成的。比如這張桌子，本來不會影響到我們的心。一旦貼上「我」的標籤，它的變化立刻就顯得不同了。壞了，讓「我」覺得煩惱；丟了，讓「我」覺得可惜。重視程度越高，由此帶來的影響就越大。包括我的家庭、我的孩子、我的房子、我的事業、我的地位，世間的一切，凡是貼上「我」的標籤，立刻就變得舉足輕重，不同一般，立刻就會黏在我們的心頭，放不下，甩不掉。更要命的是，煩惱也隨之而生。世間每天都有無數家庭破裂，但只有「我」的家庭破裂，才會讓人覺得撕心裂肺；世間每天都有很多企業倒閉，但只有「我」的企業解體，才會讓人覺得難以承受。問題是，這種煩惱能夠挽救家庭的破裂嗎？能夠阻止企業的倒閉嗎？如果不能，我們為什麼要自尋煩惱，使身心受到傷害呢？

學佛所做的，就是幫助我們撤除「自我」的標籤。每個情緒生起時，只是客觀地看待它：此刻正感到開心，此刻正感到氣憤，此刻正在嫉妒，此刻正在憂愁，等等。只要不貼上「我」的標籤，這種情緒是不會有多少力量的。它們可以來來去去，但只是一些稍作停留的過客，不會構成多少干擾，更不會強行掌控局面。認識無我的作用就在於此，當內在的觀照力生起並產生作用後，當下就是解脫，當下就是自在。

2．無自性

其次，無自性的智慧也很重要。每種煩惱和情緒都有相應的所緣境，或是因為家人引起，或是因為事業引起，或是因為某件事引起，或是因為某個人引起。為什麼這件事或這個人會讓你產生煩惱？關鍵就在於，我們執著於對某件事或某個人的設定。當這種設定和現實發生衝突，或是和我們的另一些妄想發生衝突時，煩惱就產生了。

生活中，常常可以聽到這樣的抱怨：「為什麼他會如此對待我？」、「為什麼我的努力沒有結果？」、「為什麼不幸總是降臨到我身上？」雖然抱怨的內容各不相同，但接著會有一個共同的表達，那就是——「我真的想不通」。為什麼想不通？因為他們並沒有真正地尋找原因，尋找這個「為什麼」，而是建構一個自己覺得「應該怎樣」的設定，然後埋頭扎入思惟的死胡同中，碰壁也就在所難免了。

如何解除煩惱？必須改變原有的設定。《心經》和《金剛經》所說的一切法無自性空，就是在幫助我們認識法的真相，幫助我們消除對世界的錯誤看法。當我們認識到一切都是因緣假相，是夢幻泡影，認識到過去的所有看法都是一廂情願，並非世界真實，煩惱自然就無從生起了。所以會有煩惱，原因就在於，我們覺得世界是實實在在的，覺得那些人和事是實實在在的，覺得我們以為的正確和錯誤是實實在在的，覺得我們設定的「應該怎樣」的結局是實實在在的。

空性的修行，一方面是幫助我們破除我執，一方面是指導我們如實觀照世界。我們生活在同一個世界，但又生活在各自的世界，有的在喜悅中，有的在痛苦中。區別就在於我們如何看待世界，感受世界。所以佛法特別強調正見的作用，而一切法無自性正是最根本的正見。認識到這一點，我們就擁有了看待世界的慧眼，打開了走出輪迴的大門。

十、結語

以上，主要從三部分介紹了菩提心的修行。一是關於菩提心修行的基本認知，講述了菩提心的重要性、菩提心與皈依、菩提心與七支供、菩提心與出離心四個問題；二是如何發起菩提心，包括發起願菩提心、受持願菩提心、受菩薩戒三個問題；三是菩提心的實踐和昇華，包括行菩薩行、菩薩行與空性見兩個問題。

對於發心修學大乘的佛子來說，菩提心是貫穿始終的。因為菩薩道修行就是以發菩提心為起點，以圓滿菩提心為終點。關於這個核心，我們既要多聞薰習，如理思惟，更要在座下不斷實踐，將菩提心的修行真正落到實處，成為表裡如一的菩薩行者。

受持菩提心戒的意義

菩提心是大乘不共教法。發菩提心，是大乘菩薩道修行的開始。自二〇〇三年以來，我一直在弘揚菩提心教法。同時，還在各地傳授菩提心戒，期望所有大乘佛子，能在受菩薩戒之前先受菩提心戒，以此堅定願心。本文是二〇一六年元旦，我在西園戒幢律寺為四眾弟子傳授菩提心戒的完整記錄，包含菩提心受持儀軌，以及受持菩提心戒的相關開示。

一、請師

（發心者來到和尚前，為求願菩提心，長跪合掌曰：）

昔諸如來應正等覺，及入大地諸大菩薩，最初於無上正等菩提如何發心。弟子某某，今亦如是，請阿闍黎證明，我今亦於無上正等菩提而發心。（三請）

師曰：今為汝等受持菩提心戒，汝等當發起真切的菩提心。

（諸善男子等一起向上排班，聞磬聲至誠作禮三拜、問訊、長跪、合掌。）

二、唱爐香讚

爐香乍爇，法界蒙薰，諸佛海會悉遙聞，隨處結祥雲，誠意方殷，諸佛現全身。南無香雲蓋菩薩摩訶薩（三稱）

三、戒師開示

首先要深深隨喜大家，能在十方三寶的證明下受持菩提心戒，因緣非常殊勝。這就意味著，我們真正走上了菩提道。

十方諸佛菩薩之所以能成就，都是在因地發過宏誓偉願。比如阿彌陀佛的四十八願，藥師琉璃光如來的十二大願，普賢菩薩的十大願王，以及觀音菩薩、地藏菩薩對眾生的種種承諾。這些誓願正是對菩提心的落實，其中包含兩方面，一是追求無上正等正覺，一是以盡未來際利益眾生為使命。因為菩提心，才會發起如此宏願；因為有願心，才能成就佛菩薩的無量功德。

漢傳佛教屬於大乘，要以佛菩薩作為我們的學習榜樣。尤其是四大菩薩，分別代表了菩薩的四大特徵：觀音菩薩代表大悲，文殊菩薩代表大智，普賢菩薩代表大行，地藏菩薩代表大願。向佛菩薩學習，就是學習他們那樣的大悲、大智、大行、大願。

大悲，是觀音菩薩的無限慈悲；大智，是文殊菩薩的廣大智慧；大行，是像普賢菩薩那樣，所有行為都以十方三世諸佛和法界無量有情為對象；大願，是像地藏菩薩那樣，生起「眾生度盡，方證菩提」的承擔。

遺憾的是，漢傳佛教雖然屬於大乘，但我們的發心更多是小乘，只想自己了生死，只管自己生淨土，卻沒有想到更多眾生。問題在哪裡？如何才能成就佛菩薩的宏願？關鍵是發起菩提心，把「我要利益一切眾生，幫助眾生走向覺醒」作為自己最真切的願望，最重要的使命，這麼想，也這麼做。

漢傳佛教非常重視菩薩戒，很多信眾修學到一定程度，就會求受菩薩戒。但如果沒有發起菩提心，具足慈悲心，這種受戒往往流於形式。受菩薩戒的儀軌中，戒師會問：你發菩提心了沒有？受戒者回答「發了」，卻不清楚，菩提心究竟意味著什麼，發心的標準又是什麼。即使受了戒，也不過是冒牌菩薩而已。

在印度佛教中，本來就有受菩提心戒的環節，《顯揚聖教論》、《瑜伽師地論》都有相關說明。所以我們很希望把這一傳統恢復起來，弘揚大乘精神。基於此，我編寫了「受持菩提心戒」和「修習菩提心戒」兩套儀軌。

因為僅僅受戒還不夠，我們雖在十方三寶前發下誓願，但還需要通過不斷修習來鞏固。如何修習菩提心？不是每天拿著儀軌念一念就夠了，最重要的，是發自內心地認同這一願望，真正落實到行動中。

這就需要立足於《道次第》和《入行論》的修學，徹底改變觀念，從以自我為中心，轉變為以眾生為中心。《道次第》告訴我們，修行的關鍵是「捨凡夫心，發菩提心」，否則是沒有出路的。如果不走向覺醒，我們就會深陷在無明、煩惱、輪迴中，無法擺脫困境。《入行論》更是引導我們修習菩提心的重要論典，從認識菩提心的殊勝，營造菩提心的土壤，到發起菩提心、增長菩提心、圓滿菩提心，作了全面、系統、完整的闡述。目前已有相當一部分學員開始修學本論，他們通過學習之後，都能深刻認識到菩提心的殊勝，對修習菩提心產生極大的熱情。

所以，受菩提心戒是有標準的。前些年，只要皈依之後就可以受。後來發現，必須具備相應的心行基礎，才能如法受持，否則同樣會流於形式。為了讓菩提心戒真正生效，我們對此作了新的界定，把菩提心戒的受持分為三個層次。

第一是隨喜受，只要參加修學，受過三皈，都可以隨喜受菩提心戒。第二是正式受，必須學完《道次第》，才有資格正式受持菩提心戒。第三是重複受，受戒後要每天修習，通過不斷提醒，強化這一心行。因為我們內心還有太多的妄想、需求和欲望，由此形成種種阻力，使我們偏離菩提道。如果不刻意防範，很可能，學著學著就回到凡夫心，回到輪迴軌道。除了日常修習，我們還要重複受菩提心戒，增上並強化戒體。正式受過的學員，都會領到「菩提心戒」證書，重受一次，就可以再蓋個章。你受過多少次，就會有多少次紀錄。當然更重要的，是心行的紀錄和積累。

菩提心包括願菩提心、行菩提心、勝義菩提心，不僅是一種願望，還要通過六度四攝去實踐，把願心落實到行動中。現在已有學員進入《瑜伽菩薩戒》的學習，接下來會為大家傳授瑜伽菩薩戒，按菩薩的行為標準，修習行菩提心。進一步，還要修學空性見，從世俗菩提心昇華為勝義菩提心。就像《金剛經》所說的那樣，修習布施、持戒等菩薩行時，要三輪體空，無我相、無人相、無眾生相、無壽者相。

菩提心不是發起就能圓滿的，還要通過修行實踐，不斷提升它的力度、廣度和純度。有些人初發時信心十足，後來卻越來越沒有力量。為什麼會這樣？因為每種心行都是緣起的，需要不斷滋養。如果凡夫心的力量太大，菩提心就會被邊緣化。這是一個此長彼消的過程。所以要不斷實踐菩提心，在正確重複的過程中，使菩提心茁壯成長。

首先是力度。我們要通過座上修習和座下實踐，不斷為菩提心充電，使它的力量日益強大。其次是廣度。想要利益眾生，必須撤除我執，打開心量。我們接納的人越多，樂意幫助的人越多，內心就會越平等，慈悲就會越廣大，最終成就觀音菩薩那樣的大慈大悲，對任何眾生都能視如己出，絕不捨棄。第三是純度。我們現在的菩提心中，還夾雜著很多凡夫心，如貪、嗔、我執、好惡、分別等。不斷剔除雜質，菩提心才能更純粹，更清淨。

在此過程中，需要以聞思為基礎，如同修階段的《道次第》、《入菩薩行論》，同德階段的《辯中邊論》、《唯識三十論》、《金剛經》、《心經》、《六祖壇經》等，從不同角度，為我們解讀了菩提心教法的深意。進一步，還要以菩薩的行為標準要求自己。以理論指導實踐，以實踐深化理論，才能使菩提心強化、擴大、提升。

今天在此受持菩提心戒的學人，都有甚深的因緣，我們要以極大的殷重心受戒。

四、請聖

發心者至誠迎請十方三寶慈光攝受（和尚領發心者念）：

香花迎！香花請！弟子〇〇一心奉請：盡虛空、遍法界、十方三世一切諸佛。

香花迎！香花請！弟子〇〇一心奉請：盡虛空、遍法界、十方三世一切尊法。

香花迎！香花請！弟子〇〇一心奉請：盡虛空、遍法界、十方三世一切賢聖僧。（三說三拜）

五、大乘皈依

發心者憶念輪迴苦，憶念三寶功德，生起至誠皈依之心，至心念誦（和尚領發心者念）：

諸佛正法賢聖僧，直至菩提永皈依，
我以所修諸善根，為利有情願成佛。（三說三拜）

六、修七支供

修七支供，既能快速積累成佛資糧，淨化眾生業障，還能幫助我們打開心量，消除我執，為發起菩提心營造良好的心靈環境。大眾隨我一起念誦、受持、修習七支供。

所有十方世界中，三世一切人獅子，我以清淨身語意，一切遍禮盡無餘。
普賢行願威神力，普現一切如來前，一身復現剎塵身，一一遍禮剎塵佛。
於一塵中塵數佛，各處菩薩眾會中，無盡法界塵亦然，深信諸佛皆充滿。
各以一切音聲海，普出無盡妙言辭，盡於未來一切劫，讚佛甚深功德海。
以諸最勝妙華鬘，伎樂塗香及傘蓋，如是最勝莊嚴具，我以供養諸如來。
最勝衣服最勝香，末香燒香與燈燭，一一皆如妙高聚，我悉供養諸如來。
我以廣大勝解心，深信一切三世佛，悉以普賢行願力，普遍供養諸如來。
我昔所造諸惡業，皆由無始貪嗔痴，從身語意之所生，一切我今皆懺悔。
十方一切諸眾生，二乘有學及無學，一切如來與菩薩，所有功德皆隨喜。

十方所有世間燈，最初成就菩提者，我今一切皆勸請，轉於無上妙法輪。
諸佛若欲示涅槃，我悉至誠而勸請，唯願久住剎塵劫，利樂一切諸眾生。
所有禮讚供養福，請佛住世轉法輪，隨喜懺悔諸善根，迴向眾生及佛道。
乃至虛空世界盡，眾生及業煩惱盡，如是四法廣無邊，願今迴向亦如是。

七、正授願菩提心

下面正式受持願菩提心。發心者首先思惟，如母有情在六道輪迴中受苦受難，生起慈悲之心，觀想於十方諸佛菩薩及阿闍黎前宣誓。宣誓的內容，雖然是我帶著大家念，其實是大家發自內心的願望。我們現在在十方諸佛菩薩面前，發出真切的誓言：

唯願十方諸佛菩薩存念，阿闍黎存念：弟子某某於此生及餘生，施性、戒性、修性，所有善根，自作教作，見作隨喜，以彼善根，如昔諸如來應正等覺，及住大地諸大菩薩，於其無上正等菩提如何發心。弟子某某亦從今時乃至菩提，於其中間，於無上正等廣大菩提而為發心。諸未度有情為令得度，諸未解脫為令解脫，諸未出苦為令出苦，諸未遍入涅槃為令遍入涅槃。（三說三拜）

八、發願

發心者為利益一切眾生成就佛道，至誠發願：

眾生無邊誓願度，煩惱無盡誓願斷，
法門無量誓願學，佛道無上誓願成。（三說三拜）

九、唱觀音讚

唱觀音讚偈，稱念觀音聖號，憶念觀音菩薩功德，即是憶念大悲心。

菩薩號圓通，降生七寶林中。
千手千眼妙真容，端坐普陀宮。
楊柳枝頭甘露灑，普滋法界薰蒙。
千層浪頭顯神通，光降道場中。
觀音菩薩妙難酬，清淨莊嚴累劫修。
三十二應周塵剎，百千萬劫化閻浮。
瓶中甘露常遍灑，手內楊柳不計秋。
千處祈求千處應，苦海常作度人舟。
南無普陀山琉璃世界，大慈大悲觀世音菩薩。
南無觀世音菩薩！

十、迴向

發心者為速成佛道，利益一切眾生。至誠迴向：

發心功德殊勝行，無邊勝福皆迴向，

普願沉溺諸有情，速往無量光佛剎。

十方三世一切佛，一切菩薩摩訶薩，摩訶般若波羅蜜。

（聞磬聲，至誠禮謝法師三拜，問訊，分班，迎請者恭送法師回寮。）

行願無盡，我們也可以

——普賢菩薩聖誕專訪

按照佛曆，一年中有很多佛菩薩的節日。信眾會在這一天來到寺院，燒香、拜佛、求保佑。寺院也會舉辦相關法會，以資紀念，同時滿足人們的信仰需求。但這些活動多半停留在宗教儀式，對佛法傳播沒起到多少作用。我曾大力倡導，應該把這些節日辦成「認識佛菩薩功德，踐行佛菩薩精神」的教育，引導人們認識佛菩薩的功德，把佛菩薩的精神傳遞到社會。本文便是關於普賢菩薩聖誕的專訪。

問：農曆二月二十一，我們迎來了普賢菩薩誕辰。在廣大信眾，尤其是江浙一帶信眾的心目中，對普賢菩薩的熟悉程度可能不如其他菩薩。請問法師，在佛教信仰中，普賢菩薩屬於什麼樣的地位？

答：漢傳佛教中，大家熟悉的有四大菩薩，以及作為他們應化道場的四大名山。分別是五台山的文殊菩薩、普陀山的觀音菩薩、九華山的地藏菩薩和峨眉山的普賢菩薩。所以，普賢菩薩是屬於四大菩薩之一。

但在普通信眾心中，對普賢菩薩的熟悉程度確實不如其他幾位。這主要是因為，其他菩薩有相對確定的「管轄範圍」，比如家人去世，會祈求地藏菩薩加被；學生讀書考試，會祈求文殊菩薩照拂；而觀音菩薩和漢地因緣深厚，自古就有「家家觀世音」的傳統，更是人們最常想到的求助對象。此外，生活中似乎沒什麼事會專門去找普賢菩薩，自然就沒那麼熟悉了。但這只是對求求拜拜的信眾而言，在真正有心向道的佛子看來，普賢菩薩可是非常重要的修學典範。

問：那麼，和普賢菩薩相關的經典是什麼？

答：和普賢菩薩相關的經典，流傳最廣的是《普賢行願品》，出自被譽為經中之王的《華嚴經》。漢傳佛教特別推崇《華嚴經》，認為其見地至圓至頓，是無上成道之法，代表修行的最高境界。作為經中最後一品，《行願品》闡述的十大願王，充分體現了菩薩願心的廣大弘深，歷來備受重視。

此外，《行願品》還被淨土宗列入五經一論之中。因為其中說到，在人臨命終時，「如是一切無復相隨，唯此願王不相捨離，於一切時引導其前。一剎那中即得往生極樂世界，到已即見阿彌陀佛、文殊師利菩薩、普賢菩薩、觀自在菩薩、彌勒菩薩等。此諸菩薩色相端嚴，功德具足，所共圍繞。其人自見生蓮華中，蒙佛授記。」其中的迴向文，「我以普賢殊勝行，無邊勝福皆迴向，普願沉溺諸眾生，速往無量光佛剎」，也體現了本經與往生淨土的關係。

在晚課的八十八佛大懺悔文中，也收錄了《行願品》的偈頌。此外，還有不少佛弟子將念誦《行願品》全文作為日常功課，以此積累資糧，淨化業障。

問：原來，我們和普賢菩薩有著深厚的因緣，每天都會在菩薩的加持下修行。關於四大菩薩，大家琅琅上口的是「大悲觀世音菩薩、大智文殊師利菩薩、大願地藏王菩薩、大行普賢菩薩」。其中，大悲、大智、大願都容易理解，那「大行」又有什麼甚深含義？

答：大行的行，指行為。簡單地說，大行就是廣大的行為。如何理解普賢菩薩的廣大行為？《行願品》的主要內容，是普賢菩薩十大願王：一者禮敬諸佛，二者稱讚如來，三者廣修供養，四者懺悔業障，五者隨喜功德，六者請轉法輪，七者請佛住世，八者常隨佛學，九者恆順眾生，十者普皆迴向。早晚功課中都會念到，是佛弟子耳熟能詳的。

單純從這十個項目來看，我們可能會覺得，不過是常規的修行內容，是我們經常在做的。為什麼普賢菩薩做了，就會被尊為大行，又被譽為願王呢？這是因為，普賢菩薩是以至高的見地、廣大的心量在做。

比如禮佛，我們平時只是拜一尊兩尊。而普賢菩薩是要「禮敬諸佛」，面對「所有盡法界、虛空界，十方三世一切佛剎極微塵數諸佛世尊」，以清淨的身語意業修習禮敬。我們看菩薩是怎麼修的：「一一佛所，皆現不可說不可說佛剎極微塵數身。一一身，遍禮不可說不可說佛剎極微塵數佛。」不是一個我在拜一尊佛，而是無量的我，在拜無量的佛。佛身無量無邊，拜佛的我同樣無量無邊。

更重要的在於，菩薩的禮敬不是局限在當下，而是「虛空界盡，我禮乃盡。以虛空界不可盡故，我此禮敬無有窮盡。如是乃至眾生界盡，眾生業盡，眾生煩惱盡，我禮乃盡。而眾生界乃至煩惱無有盡故，我此禮敬無有窮盡。念念相續，無有間斷，身語意業，無有疲厭」。這種盡未來際的大願，比世間任何的海誓山盟更深沉，更震撼！

禮敬諸佛如此，稱讚如來乃至普皆迴向同樣如此，都是以十方三世諸佛和法界一切眾生為對象，以無限的時空為所緣，來修每一個善行。雖然這些行為本身是有限的，但立足於無限的心行來修，當下都能昇華為無限。這種心行的廣大和無限，正體現了「大行」的內涵，也是它被尊為願王的關鍵。

問：普賢菩薩對眾生的承諾，盡虛空遍法界，無處不在，聽起來特別震撼。多年來，您一直在傳承並踐行菩薩的大願，出版過《學佛者的信念》、《普賢行願品的觀修原理》。在您創辦的三級修學中，也把《行願品》的偈頌納入日常定課，可見您對這一修法的重視。在您的弘法過程中，是不是和普賢菩薩有一些淵源？

答：在我的弘法過程中，確實和普賢菩薩及《行願品》有甚深的因緣。早在上世紀九十年代，淨慧長老弘揚人間佛教，提出「覺悟人生，奉獻人生」的口號，並推崇兩部經典。依《金剛經》覺悟人生，依《行願品》奉獻人生。一九九六年，我應邀在趙州柏林禪寺講了七天《行願品》。這是我第一次開講本品，主要介紹十大願王的各個項目，比如禮敬諸佛是怎麼回事？稱讚如來是怎麼回事？廣修供養是怎麼回事？在普賢菩薩的加持下，很有信心，也很有靈感。此後，講座內容還整理成書，就是我們現在看到的《學佛者的信念》。

二〇〇四年，我在蘇州定慧寺再次宣說《行願品》。時隔八年，我對普賢菩薩的見地和行門有了更多認識，特別圍繞其中的觀修原理加以開顯，提出本品是「菩提心的無上觀修，佛陀品質的臨摹方法」。通過這一修法，可以幫助我們快速生起菩提心。進而依無限的所緣，直接臨摹佛菩薩的廣大心行。這次講座對我的修行、弘法具有重要意義，可謂法喜充滿。《普賢行願品的觀修原理》，就是根據此次講座成書的。

二〇〇六年，我領眾前往峨眉山朝聖，並在成都文殊院開講《行願品》，後整理為《從有限到無限》。二〇一三年，我又應峨眉山佛學院邀請，在大佛禪寺開講「行願無盡」系列講座，對《普賢行願品》的修法作了進一步開顯。

漢傳佛教中，雖然很多人在念誦《行願品》，但多半停留於粗淺的信仰層面，對經文蘊含的甚深見地及殊勝修法認識不足。針對這一現象，我特別希望把其中的修行原理開顯出來。在三級修學的定課中，不管皈依還是菩提心的修行，都將出自《行願品》的七支供作為重要內容。通過念誦和觀修，引導我們積累資糧，淨化業障，進而打開心量，像普賢菩薩那樣去發心，去修行，去成就。

問：前面說到，《行願品》是「菩提心的無上觀修，佛陀品質的臨摹方法」。我們知道，菩提心是大乘的不共修法，也是佛陀品質的重要組成，為什麼《行願品》能有這些作用呢？

答：為什麼說《行願品》是菩提心的無上觀修？首先要認識到，發菩提心的最大障礙是什麼。我們知道，菩提心的所緣是無限的，必須生起「我要幫助一切眾生」的願心，然後通過菩薩行落實這一願心。這就意味著，我們要具備菩薩那樣的大心量、大格局，把所有眾生裝到心中。我們看看自己，心中能裝進幾個人？很可能，一個人、一件事，就把心塞得滿滿的。

但佛法也告訴我們，心本來就是無限的，所謂「心包太虛，量周沙界」。凡夫心之所以那麼狹隘，只是被無明、執著所縛。《行願品》的觀修，正是引導我們不斷打開心量，體會「盡法界、虛空界」、「佛剎極微塵數」的層面，從而建立無限的所緣，把一切眾生裝到心中。所以說，《行願品》的觀修可以為修習菩提心營造良好的心靈氛圍。我們現在受菩提心戒、修菩提心，都以七支供為前行。

為什麼《行願品》又是「佛陀品質的臨摹方法」呢？佛法告訴我們，在心的某個層面，我們本來和三世諸佛無二無別，只是需要開啟。《行願品》是普賢菩薩因地的修行法門，引導我們以十方三寶為榜樣，以法界眾生為所緣，在盡虛空界、盡未來際的時空中，生生不息地發願，堅持不懈地行持。依此踐行，就像學書臨帖那樣，可以領會名家的結構和筆意，複製到自己的練習中，是最快也最直接的成長途徑。

問：聽了這些介紹，覺得我們對普賢菩薩的了解太少了。即使在菩薩聖誕，也只是到寺院燒個香，拜下佛，遠遠不能領會菩薩的精神內涵。那麼，我們應該用什麼方法更好地紀念菩薩聖誕呢？

答：我們現在對佛菩薩聖誕的紀念，總體偏向信仰型，停留在燒香拜佛，最多就是舉辦法會。這些活動也有意義，但並不能使信眾加深對佛菩薩的了解。

怎樣才能更好地紀念佛菩薩？我覺得，要從教育的層面，開顯相關經典和法門，使信眾真正了解佛菩薩的精神內涵，激發見賢思齊之心，依教奉行之志。在普賢菩薩聖誕，我們可以通過《行願品》，宣講普賢菩薩的大願，讓人們了解菩薩的願心，以及他在因地是如何修行，才能成就這麼大的功德。

此外，在《楞嚴經．二十五圓通章》中，不僅有大家熟悉的觀音菩薩耳根圓通的修行，也有關於普賢菩薩的修行，如「心聞洞十方，生於大因力。初心不能入，云何獲圓通」這一偈頌，就是讓我們直接體會菩薩無限的心行。當然對一般人來說，通過《楞嚴經》來認識無限的心會有難度，可以和《行願品》的廣大見地相結合。

總之，了解菩薩的功德，弘揚菩薩的行門，才能讓大眾從中受益，也是對菩薩最好的紀念。尤其是普賢菩薩的願心和大行，如果我們帶著這樣的見地去修，就可以把有限的行為變成無限。於自己，可成就的無量功德；於眾生，可帶去無限利益。

問：這番開示，也讓我們看到您的悲心大願。很多人覺得修行有難度，菩薩是菩薩，我們是凡夫，距離太遙遠了。但您的開示讓我們知道，按《普賢行願品》去觀修，就能幫助我們打開心量，快速抵達修行目標。

答：普賢菩薩的修行包括兩方面，一方面幫助我們認識到，心本具無限的層面，開啟這個層面，修行才有希望。如果以凡夫有限的心行去修，無論經過多少大劫，也無法圓滿。因為佛菩薩的功德是無限的，是有限永遠無法抵達的。

另一方面，讓我們通過臨摹，以最快速度積累資糧，淨化業障。為什麼《行願品》有這樣的功效？

因為它是立足於菩薩的廣大心行。用社會上的話，叫生產力決定生產關係。過去的農民種地，一個人種上幾畝地就了不得。但在現代化農場中，隨著生產力和機械化程度的提高，一個人可以種幾百甚至幾千畝地。修行同樣如此。所以修行不是靠蠻幹，找對方法，才能四兩撥千斤，使有限的生命發揮最大效益。

《普賢行願品》的觀修原理

導論

在盛行大乘的漢傳佛教地區，《普賢行願品》的流傳極為廣泛。許多佛弟子都將本品作為日常念誦功課，寺院晚課的「八十八佛大懺悔文」中，也有一半內容出自本品，以此懺悔業障，掃除修行道路中的違緣。在藏傳佛教的修行中，源於《行願品》的七支供備受重視，被視為一切法門的前行。所謂前行，即修法前的準備工作，包括集資和淨障兩方面。集資，是積累成佛所需的福德和智慧資糧；淨障，則是懺悔業障。我們之所以流轉生死，正是業力所致。《行願品》告訴我們，「若此惡業有體相者，盡虛空界不能容受。」這些無盡生命中造作的罪業，是促使有情流轉生死的動力，也是障礙成佛修行的阻力。所以在廣泛積集資糧的同時，必須徹底懺悔業障。

那麼，我們如何在短時間內圓滿成佛資糧，並清除無量罪障呢？漢藏兩地的祖師大德們都提倡依《行願品》修行。本品的核心內容為：禮敬諸佛、稱讚如來、廣修供養、懺悔業障、隨喜功德、請轉法輪、請佛住世、常隨佛學、恆順眾生、普皆迴向十大願王。發願，想必大家都不陌生。在人生的各個階段，我們曾有過這樣或那樣的願望，但這些願力往往現實而渺小。「普賢行願」所以被稱為願王，因為每一願皆以廣大無限的發心為基礎。禮敬諸佛，是以盡虛空、遍法界、十方三世微塵數諸佛為禮敬對象；恆順眾生，同樣是以盡虛空、遍法界一切眾生為恆順對象。

《普賢行願品》為《華嚴經》最後一品。華嚴教法至圓至頓，素被譽為「經中之王」，此無上甚深法門最終也導歸普賢行願。由此可以看出，十大願王對於修行的意義極為深遠。根據我個人的修學心得，認為本品可以用兩句話作為總結，那就是「菩提心的無上觀修，佛陀品質的臨摹方法」。

所謂「菩提心的無上觀修」，因為本品乃修習菩提心的殊勝法門；所謂「佛陀品質的臨摹方法」，因為按本品揭示的法門修行，能指引我們直接通過臨摹成就佛道。若按《行願品》著手修學，會發現成佛距離我們並不遙遠，而且是切實可行的。從這個意義上說，本品是一部教我們如何成佛的寶典。

在正式進入《行願品》的學習前，我們首先要對佛法有一些基本認知。

1．暇滿人身的重大意義

人生最重要的是什麼？或許有很多答案。卻很少有人會想到，和我們在世間能得到的一切相比，人身才是最可珍貴的無上至寶。

人們往往意識不到這一身分的價值，似乎生而為人是理所當然的事，根本不值得慶幸。我們賺點小錢也會開心，對得到這個「人身寶」卻毫不在意，因為它是免費的，不是我們花錢買來的。其實，我們身上的任何一個器官遠比財富更重要。當我們擁有健全的色身時，或許體會不到，明亮的眼睛有多麼重要，完整的四肢又有多麼重要。我們習慣於擁有，習慣得幾乎感覺不到它們的存在，自然也忽略了它的價值。一旦失去之後，才會追悔莫及，甚至願以全部財產來換取它們。如果沒有眼睛，我們就看不到整個世界；如果沒有雙手，連基本生活都難以自理。報刊上，時常可以看到病人為移植器官而歷盡艱辛、傾家蕩產的事例。得到一個器官尚且如此艱難，何況完整的人身呢？若是失去這一身分，也就失去了在世間擁有的一切。

我們的一生不斷處於追逐中，追求金錢、事業，追求家庭、感情，以為這是人生的全部。為什麼會產生這些欲求？因為凡夫這顆無法自主的心需要它們來填補。若仔細評估一下，其價值究竟何在？我們期待的這一切，只代表暫時的需要，也只有暫時的意義。因為它們都無法永遠保有，我們不過是暫時的經營者或保管者。死亡來臨，我們什麼也帶不走，甚至這個身體，最終也要化為灰燼，回歸大地。伴隨生命繼續流轉的，唯有無始以來積累的業力，這才是和我們須臾不離的。而在隨業風漂流的漫長歲月中，得到人身的機會微乎其微。

現代人感覺不到人身難得，可能因為我們看到的人太多了，尤其在城市，到處人滿為患。另一方面，生個孩子也很容易，似乎人身不見得那麼難得。但從宏觀角度來看，得到人身的概率在一切生命中卻是微不足道的。雖說世界人口已達幾十億，其數量仍無法和其他眾生相比。僅僅在我們可以看到的畜生道，一個蟻窩就有成千上萬的生命，而在廣袤的海洋和森林中，更生存著難以計數的眾生。

佛經記載，某日，佛陀從地上抓起一把樹葉詢問弟子：我手中的樹葉多，還是大地的樹葉多？弟子回答：當然是大地的樹葉多，手中所有無法比擬。佛陀以此告誡大眾：得到人身的有情，如我手中的樹葉；未得人身的有情，則如遍布大地的樹葉。

在無盡輪迴中，我們曾墮落地獄，曾淪為傍生。如今雖然生而為人，但百年之後，能保證自己再得人身嗎？人身的意義，不僅在其難得，更在於它的價值重大。我們能用這個身分做什麼？或許不少人覺得，這個身分可以用來賺錢，用來養家餬口。在這個世上，多數人都不曾對現有人身善加利用，反而淪為身分的奴隸，不僅要為生存奔波操勞，更為了滿足不斷增長的物欲忙碌一生，操勞一世。尤其是現代人，極度缺乏因果觀念，在幾十年的人生中，因貪圖享受而不斷造業。一旦離開世界時，帶不走分毫財富，卻背負了沉重的惡業，實在得不償失。

當然，也有些人能利用今生造福社會，或通過修行改善自身生命。但總體而言，都未發揮人身的最高價值。這一最高價值究竟是什麼？那就是成佛！在生命的某個層面，人人具有和佛菩薩同樣的品質，經中將此喻為「貧女寶藏」、「力士額珠」。一旦將蘊含如來智慧德相的牟尼寶珠打開，我們也可以像佛菩薩那樣自在解脫，廣利群生。

或許有人會感到疑惑：為什麼我們現有的境界和佛菩薩毫無相似之處？這是因為，我們固然具有佛菩薩那樣的潛質，目前卻滯留於凡夫心的層面，尚未將此寶藏打開。事實上，很多人根本不知自家有如此寶藏尚待開發。即使聽說，也往往當作神話一笑了之，既不能直下承擔，亦無心挖掘開顯。因為我們現有的心行是如此狹隘，甚至容不下這種可能性。

作為學佛者，必須認識到生命是無盡的，而不僅是今生這幾十年。眾生雖然平等，但因業力所致，起點各不相同。有些天生聰慧，福報深厚；也有些資質駑鈍，福薄命苦。所以我們不能只考慮現世，更要著眼未來。修習人天善法，正是為了獲得暇滿人身。這個身分既能出離三惡道苦，更對生命發展具有重大意義。六道中，唯有人的身分可以修行。地獄、餓鬼太痛苦，畜生太愚痴，天人則太快樂，都無法精勤道業。唯有人類處在苦樂參半的環境中，兼具抽象思惟能力，能為離苦得樂而追尋真理，開發智慧。

佛陀是以人的身分修行成就的，諸佛同樣是以這一身分成就的。可見，人身是成佛之路不可或缺的護照。得到人身，有如得到一次超凡入聖的大好機會。若不善加珍惜，蹉跎一生，不知何時才能再有這樣的幸運。所以說，認識暇滿人身的重大意義，直接關係到我們能否利用今生學好佛法。

2．念死和觀苦

認識到人身的意義，不是為了對這個身分產生貪著，而是利用它成就道業，所謂借假修真。故應發起勇猛精進之心，這就需要通過念死和觀苦來策勵道心，激發求道的迫切感。

人身難得而易失。死亡，幾乎是人生唯一可以確定的事實，無人可以例外。千百年來，無論帝王將相、賢聖名士，還是歷代高僧大德，皆已先後離去，差別只在於辭世方式的不同。百年後，在座的各位也要到不同去處報到。死亡，好比恢恢法網，疏而不漏。

然而死期卻是不定的。尤其在當今社會，天災人禍頻繁，我們隨時都面臨死亡的威脅。但未死之前，我們總覺得死亡似乎很遙遠。特別是年輕健康時，更覺得死亡與己無關。雖然也知道世上每天都有人離去，但總是心存僥倖，以為屬於自己的日子還長得很。唯有親人離世，才會使我們感受到死亡的陰影。而到自己必須直面死亡的時刻，方有切膚之痛，方才驚慌失措，可往往為時晚矣。

生命極其危弱，一口氣不來，轉息便是來生。若我們時常觀想死亡，便能減少對世間的貪著。因為所有執著都建立於對「恆常」的嚮往，可在死亡面前，這一切又是多麼微不足道啊。曾經擁有的金錢、地位，對亡者又有什麼意義？念死無常，不僅能使我們以超然的心態生活，更為我們揭示了修行的關鍵，那便是「捨棄今生」。不論以什麼方式貪著今生，都將成為煩惱棲息的土壤。所以，想要究竟解脫生死，必須捨棄現前的享樂。

人生短暫，一期生命結束後，我們將走向何方？唯一可以肯定的是，解脫生死前，我們必然在輪迴中。如果曾經造作惡業，就可能墮落三惡道。其中，最苦為地獄道，世間所有的刑罰和刑具都無法與之比擬。地獄又分八寒地獄和八熱地獄，不是極冷便是極熱，日夜在其中千生千死、萬生萬死。稍次為餓鬼道，始終處於極度飢渴中，即使得到食物也無法下嚥。最輕為畜生道，但也時刻面臨弱肉強食和任人宰殺的恐懼。其中，僅僅畜生所受的折磨便足以令我們膽寒，遑論餓鬼及地獄之慘烈痛苦。

現代人對惡道苦或許感到隔閡，因為我們更信服「眼見為實」的事例。那我們就來觀察一下人道，其實，人間苦難也是三惡道的顯現。有些人整天被煩惱和病痛折磨，那種求生不能、求死不得的痛楚，彷彿身處地獄；有些人對財富的貪求永無饜足，始終被病態的渴求折磨，又彷彿餓鬼一般；還有些人終年為生計拚命勞作，幹著比牛馬更累的粗活，所得卻僅能果腹，除求得溫飽外再無任何目標，這種生存方式和動物又有什麼區別？時常觀察惡道苦，能幫助我們生起出離心，否則就容易貪著現世，造業在所難免。如果不加以警惕，那些惡道苦也許就是我們的未來。

不僅惡道是苦，輪迴的本質就是苦。在我們的感覺中，世間似乎有苦有樂。尤其是有錢有勢者，還感覺挺風光。但任何快樂都潛藏著痛苦，即佛教所說的有漏皆苦。所謂有漏，就是不完整、有缺陷。無錢時固然痛苦，有錢了還是煩惱；未成家時覺得孤獨，成家後才知問題更多。飢餓時面對大餐倍感幸福，食之過量便立即轉為痛苦；疲倦時睡上一覺渾身舒暢，但沒完沒了地躺下去就讓人煩惱了。可見，由滿足欲望得來的快樂是多麼短暫，稍縱即逝。

真正認識到輪迴是苦，認識到三界有如火宅，必定引發強烈的出離心。當我們迫不及待地想離開一個地方時，自然不再有心思貪著什麼。反之，若對世間尚有愛執，勢必無法與修行相應，因為用心的起點就錯了。

3．放棄我執

一切執著的根本是我執，即執著有個自我。因為我執，就和眾生有了自他的對立，由此帶來新的痛苦。生活中我們可以發現，那些特別在乎自己的人，煩惱往往特別多；反之，無私的人卻更容易快樂、自在。

「我」是什麼？其實只是一種感覺。比如一本書，本身並不存在你、我的差別。但我們將這本書買來之後，就會在其上附加「我」的標籤。一旦確立這種感覺，這本書的損壞或丟失就會影響到我們。而在此之前，無論它發生什麼變故，都不會對我們構成傷害。再如我們去購房，買下之前，房子出現什麼問題都無足輕重，因為它還沒和我們發生關係。可買下之後，它的任何變化都會牽動我們的心。這種難過，正是由於那些附加的「我」的感覺所致。

為什麼我們會為這些瑣事煩惱，而非其他更重要的事情？世間每天有很多災難，有很多人遭遇挫折或離開人世，但我們只是感嘆一下，不會有多少切身感受，更不會因此寢食難安。這是因為其中還未黏上「我」的標籤，一旦發生的事情中介入「我」，感覺立刻就不同了。如果那個遭遇挫折的是「我」，那個離開人世的是「我」的親人，一場普通的人間悲劇便頓時上升為頭等大事。是啊，在我們的世界中，還有什麼比「我」受到傷害更嚴重的事件？當一個不相干的人去世了，我們會覺得人皆有一死，未足為奇；可當親人或我們自己面臨死亡時，就不會如此坦然面對了，不是抱怨上天不公，便是哀歎自己薄命。

可見，一切煩惱皆圍繞「我」展開。我們將緣起的念頭和想法當作「我」，將種種不是我的當作「我」。若不是受這種錯覺的影響，那些來來去去的念頭，又如何能在心中生根，進而傷害我們呢？如果沒有「我」的干擾，無常變化就是我們能夠接受的客觀規律，就如我們接受四季更替和草木枯榮那樣。

那麼，色身總該屬於「我」吧？其實不然，色身亦是因緣的產物，由物質和精神兩方面構成，前者是父母的遺傳基因，後者是蘊藏無量種子的阿賴耶識，其中並無「我」的屬性。阿賴耶識最初投胎時，將父母的基因執以為我，賦予「我」的感覺，從此難棄難捨。因為執著時間太久，所以對我們的影響特別大。其實，色身從成長到衰老始終處於新陳代謝的過程中。現如今，醫學更發達到可以替換人體器官，可以更換「我」的組裝零件。其中，又有哪一部分是固定不變的「我」？至於我們的想法，一生也在不斷變化，青年不同於中年，中年不同於老年。感情就更是無常，親人可能反目為仇，仇人也許握手言歡。在人生這個大舞台上，這樣的情節時時都在上演。

身內之物尚且如此，何況汽車、房子等身外之物呢？所有這些，我們只有暫時的使用權，都不能代表自己。一件無主的物品，只因附加了「我」的感覺，卻成了傷害我們的武器，越是在乎，殺傷力就越大。那些愛錢如命的人，一旦失去財產，就如遭受滅頂之災，甚至喪失活著的勇氣。造成痛苦的根源，並不是金錢本身，而是人們對金錢的執著。我們每做一件事，也會介入我執，成功了，覺得「我很成功，很有面子」；失敗了，覺得「我很失敗，屢受挫折」。事實上，事業並不能代表我們自己。如果兩者是一體，事業失去時，「我」是否會隨之失去呢？感情、家庭也是同樣，各人在乎的對象不同，煩惱的重心也不盡相同。因為感覺也是緣起的，取決於我們的培養。

由此可見，「自我」只是虛張聲勢的空殼公司，並無實際內容。凡夫因無明所致，將擁有的一切賦予「我」的錯覺，進而執著它。其實，被執以為「我」的一切，只是出自我們的設定而非事實本身。我執是流轉生死的根源，唯有從根本上捨棄它，我們才能超越三界和輪迴。否則，學佛只是隔靴搔癢，或充實一下業餘生活，對於改善生命並無真實力用。

我們的心本像虛空那麼空明浩瀚，那才是心靈真相。情緒只是虛空飄浮的雲彩，是生命延續過程中積累的渣滓。可凡夫因看不清事實真相，始終糾纏在雲彩中，將之作為虛空，作為心的本質。我們的心有多大，世界就有多大。雖然我們生活在同樣的天空下，但各人心中的世界卻如天地懸隔。如果能突破我執，放棄對這片雲彩的執著，凡夫心就失去了立足點，就能驅散遮蔽虛空的浮雲，使生命回復清淨無染的本來面目。

4・發心

做每件事，都離不開心的參與。對於大多數人來說，所思所想無非圍繞個人利益。那麼，學佛者又該具備什麼樣的心行基礎呢？那就是出離心和菩提心。所謂出離，是出離五欲六塵及對五欲六塵的貪著。而菩提心，則是佛菩薩那樣的「無緣大慈，同體大悲」。無緣，即沒有任何條件，不求絲毫回報，對方需要就盡力給予。同體，是將眾生和自己視為一體，徹底打破自他分別，沒有任何親疏界限。若能以天下眾生為利益對象，無一例外，慈悲也就圓滿了。

那麼，菩提心又是如何發起的呢？所有心行皆來自積累，我們以貪心做事，就是在增長貪心；以悲心、利他心做事，則能長養悲心和利他心。其實，每個人都有或多或少的悲心，正如孟子所云：「乍見孺子將入於井，皆有怵惕惻隱之心。」問題是，一般人的悲心往往狹隘而薄弱。我們能否關心他人勝過自己？當個人利益受到影響時，是否願意繼續幫助他人？「自他相換」是藏傳佛教關於發心的重要修法。凡夫的特點是處處想著自己，捨棄他人，一是出於對自我的愛執，一是源於對眾生的冷漠。而「自他相換」要求我們將眷顧自己的那份心轉向關愛眾生，將捨棄他人的行為轉為捨棄自我。《略論》云：「我愛執者，是一切衰損之門；愛執他者，為一切圓滿之處。」一語道破修行關鍵。佛菩薩為何能成就無量功德？正是因為捨我而利他。多關愛眾生一分，自然少考慮自己一分；念念以眾生為重，就不再有時間照顧我執。所以，心發得多大，思想境界就有多高。

發心，難的不是行為本身。我們在世間取得的一切成就都來自發心，如「我要考上大學，我要開辦公司，我要成家立業」等等。這種「我要達到什麼目標」的願望，就是發心。發菩提心與此不同的，只是目標的轉換，是將利己之心轉為成就佛道、利益眾生的大願。所以修行要做的就是調整方向，將為自己謀福利的那份精神用於服務眾生，像四弘誓願所說的那樣：「眾生無邊誓願度，煩惱無盡誓願斷，法門無量誓願學，佛道無上誓願成。」

除了觀念的轉換，菩提心還須通過利他行來鞏固。我們可以規定自己每天做一件或三件利他善行，日積月累，使利他成為習慣。行善的根本目的，在於長養善的品質。許多學佛者之所以會退心，正是因為發心後不再著意培養。發心好比播種，其後還應不斷提供成長所需的養料，才能使它深深扎根於心田，枝繁葉茂，碩果纍纍。因此，我們要將生活中的一切境界作為修習利他心的增上緣。遇到順境時，希望和一切眾生共用；遇到逆境時，希望以此承擔世間所有的不幸。

大乘所有法門的修行都離不開菩提心，任何一位佛菩薩都是在因地發菩提心而成就。阿彌陀佛在因地發四十八大願，藥師琉璃光如來在因地發十二大願，地藏菩薩在因地發「眾生度盡，方證菩提」之宏願。這些願力皆來自菩提心，既是上求佛道的決心，也是下化眾生的承諾。其共同點是利益一切眾生，佛菩薩是這樣想的，更是這樣做的。

菩提心代表生命中健康向上的根本力量，具有無限威力，散發無量光明，可以使我們成就最高尚的品質。按人本心理學所言，即「自我實現」。唯有發起真切、猛利的菩提心，才能成為真正的佛子，成就佛菩薩那樣的大慈大悲。否則的話，即使整天誦經、拜佛，也只能得到人天小果或種些善根而已。

5．關於《行願品》

這次開講《普賢行願品》，主要立足於菩提心教法之上。

除了《行願品》，《華嚴經．初發心功德品》也圍繞菩提心的相關內容作了論述，以華嚴見地闡揚菩薩初發心功德。在我們的觀念中，發心只是成佛之路的起點。依華嚴見地來看，初發心便成正覺，圓滿發心與最終結果無二無別。若菩提心發到位，和成佛所成就的，便是同一種心。但這一發心要求極高，不同於普通的發心，更非泛泛一說，必須準確而圓滿。關於菩薩初發心功德，經中運用大量比喻說明。如度化世間所有人信佛、學佛、修行乃至證悟阿羅漢果，其功德比之菩薩初發心功德，卻百分不及一、千分不及一、億萬分不及一。原因何在？因為度化所有人證阿羅漢果，所度之人及所證果位都是有限的，故功德亦有限。而菩提心是以利益一切眾生為對象，發心無限，故所獲功德無限。

此外，《華嚴經．淨行品》也是教界廣為流傳的經文，對修行及生活中的用心作了詳盡指導，甚至包括洗臉、吃飯、如廁等生活細節。我們可能會覺得：吃飯、如廁誰不會呢？那我們看看《華嚴經》是怎樣說的：「大小便時，當願眾生，棄貪嗔痴，蠲除罪法……若飯食時，當願眾生，禪悅為食，法喜充滿。」同樣的行為，以不同的發心去做，性質就有了根本改變。

我們以什麼心做事，最終將成就什麼。做事有外在和內在兩種結果：外在結果是暫時的，一如過眼雲煙，內在結果卻對生命有著長久的影響。回顧人生，會發現以往經歷的種種，曾經那麼「真實」的生活，那麼讓我們耿耿於懷的人和事，都被時間過濾成了一堆前塵影事。但我們要知道，這一切並未完全成為過去，由此積累的心力和造就的人格，將繼續影響未來生命。所以，學佛的關鍵正在於善用其心。

《行願品》是對菩提心教法的無上觀修，它的高明之處，在於直接臨摹佛果功德。密宗將修行分為因乘和果乘，以大乘為因乘，通過發菩提心、修六度四攝積累成佛資糧；而以密宗為果乘，直接從佛果的功德和品質著手修習。修行，首先要認識到佛菩薩的品質是什麼，成佛究竟要成什麼，然後按此特徵調整心行。《行願品》的修行，正是採取這種臨摹、拷貝的方式，像臨字帖那樣，對照佛菩薩的品質，將我們的心行逐步調整到相似的層面，乃至完全吻合。

《行願品》由十大願王組成，其中包含座上觀修和座下實踐。如「禮敬諸佛」，是禮敬盡虛空、遍法界、微塵剎土諸佛世尊，觀想法界每一微塵皆為佛身和佛德的顯現，所謂「一花一世界，一葉一如來」。「稱讚如來」等也是如此，主要通過觀想調整心行。以座上觀修為基礎，通過不斷觀修獲得穩定的心行力量後，才有能力在座下真履實踐。同時，座上和座下的修行也是相互融攝的，如「廣修供養」，以實物供養為基礎，再賦予觀想的力量，將有限之物轉化為無限。在無限的所緣中，運用無限的心行，成就無限的功德。

弘揚《行願品》，是希望大家將本品提供的修法付諸實踐。如果我們能將普賢行願的境界和心量納入修行，念一聲佛等於念了無量佛號，拜一尊佛等於拜了無量諸佛。如此，每件善行都轉化為無限，福智資糧必以最快速度遞增，使我們早日成就佛道，度化眾生。這也是學習本品的意義所在。

下面按《行願品》的經文展開說明。

> 爾時，普賢菩薩摩訶薩稱嘆如來勝功德已，告諸菩薩及善財言：善男子，如來功德，假使十方一切諸佛，經不可說不可說佛剎極微塵數劫，相續演說，不可窮盡。若欲成就此功德門，應修十種廣大行願。何等為十？一者禮敬諸佛，二者稱讚如來，三者廣修供養，四者懺悔業障，五者隨喜功德，六者請轉法輪，七者請佛住世，八者常隨佛學，九者恆順眾生，十者普皆迴向。
>
> 善財白言：大聖，云何禮敬，乃至迴向？

佛經通常由序分、正宗分、流通分三部分構成。序分乃法會發起因緣，多為「如是我聞……」，

《行願品》卻沒有這部分內容。因為本品並非獨立的經典，而是《華嚴經》中的一品。

《華嚴經》為《大方廣佛華嚴經》之簡稱，是佛成道後在菩提場等處，藉普賢、文殊諸大菩薩，顯示佛陀因行果德的廣大圓滿、無礙妙旨。本經在中國先後有三種譯本，分別是東晉佛陀跋陀羅所譯的六十卷《華嚴》、唐實叉難陀所譯的八十卷《華嚴》和唐般若所譯的四十卷《華嚴》。其中，四十卷本相當於前兩譯之《入法界品》，但文字大為增廣，尤其是「普賢十大行願」等內容，為前兩譯所未有。

本品經文出自《華嚴經．入法界品》，以善財童子為當機者，「善財童子五十三參」的著名典故即出於此。善財童子發起菩提心後，欲廣修菩薩行，成就無上佛果，於是四處參學問道，共參訪了五十三位善知識，分別是德雲比丘、海雲比丘、善住比丘、彌伽大士、解脫長者、海幢比丘、休舍優婆夷、毗目瞿沙仙人、勝熱婆羅門、慈行童女、善見比丘、自在主童子、具足優婆夷、明智居士、法寶髻長者、普眼長者、無厭足王、大光王、不動優婆夷、遍行外道、鬻香長者、婆施羅船師、無上勝長者、師子頻申比丘尼、婆須蜜多女、鞞瑟胝羅居士、觀自在菩薩、正趣菩薩、大天神、安住地神、婆珊婆演底主夜神、普德淨光主夜神、喜目觀察眾生主夜神、普救眾生妙德夜神、寂靜音海主夜神、守護一切眾生主夜神、開敷一切樹花主夜神、大願精進力救護一切眾生夜神、妙德圓滿神、釋迦瞿波女、摩耶夫人、王女天主光、遍友童子師、善知眾藝童子、賢勝優婆夷、堅固解脫長者、妙月長者、無勝軍長者、最寂靜婆羅門、德生童子及有德童女、彌勒菩薩、文殊師利。最後於文殊菩薩所得三昧已，普攝諸根，一心求見普賢菩薩。

普賢菩薩為善財童子宣說了他本人修學菩薩道採取的途徑，也就是我們接著要學習的十大行願。

這是一種高超的修行法門，一時修不起來也無妨，可先以聞思種下善根，再通過努力修行，終有善根成熟的那天。

「爾時，普賢菩薩摩訶薩稱嘆如來勝功德已。」爾時，即那時。本品中，是指普賢菩薩讚歎如來殊勝功德之後。我們通常讀誦的《行願品》為偈頌，只是本品的核心內容。之前還有一段長行，是普賢菩薩對如來功德的稱揚讚歎。普賢行願的修行原理，正是基於對如來功德的認識和類比，故首先介紹如來究竟有哪些功德。

「告諸菩薩及善財言：善男子，如來功德，假使十方一切諸佛，經不可說不可說佛剎極微塵數劫，相續演說，不可窮盡。」普賢菩薩稱讚如來功德後，進一步向諸大菩薩及善財童子總結如來功德之無量無邊。十方，是從空間而言，即東、西、南、北、東南、西南、東北、西北、上、下，共十方世界。一切諸佛，指處於十方虛空中的諸佛菩薩。不可說，是形容時間漫長得難以記述、無法形容。劫，又譯大時，本身已是年、月、日不能計算的漫長時間，更何況微塵數劫。所謂微塵數劫，是將地球碎成微塵，每粒微塵又代表一劫之久。即使集十方諸佛之力，以長劫歲月讚歎如來功德，仍無法窮盡。原因何在？因為如來功德是無限的，如因地的捨身飼虎、割肉喂鷹，所修無量善行皆源於大悲。由無限慈悲化現無限善行，以有限的語言自然無法表述。

如來功德廣大無邊，主要可歸納為斷德、智德、恩德三種。所謂斷德，亦名解脫，因佛陀已將生命中一切煩惱和無明淨除無餘。所謂智德，乃佛陀以平等智照見諸法，了達一切，對自身和世界不再有絲毫困惑。所謂恩德，乃如來乘大願力，對一切眾生充滿無限慈悲，不分親疏，不論好惡。其中，又以慈悲和智慧為一切功德之源。佛陀之所以為佛陀，正是因為圓滿了無限的慈悲和智慧，而不在於他所擁有的這個名號。我們學習《行願品》，也應以佛陀功德為所緣及觀修對象。

所緣，即我們認識的對象。如眼睛能看見色彩，耳朵能聽見聲音，鼻子能聞到味道，這些色、聲、香就是所緣對象。本品的觀修，是以佛陀功德為所緣，故名之為「成佛的模擬方法」。練過書法的人都知道，我們臨一本字帖時，須對所臨字體的結構、運筆了然於胸，越是熟悉，才能臨得越像。同樣，我們類比佛陀的品質，也應對這些功德有清晰的認識，知道佛陀的慈悲、智慧具有哪些特徵。熟悉所緣境之後，才能有的放矢地去模仿，去接近佛菩薩的心。佛菩薩的心是無限的，平等眷顧所有眾生。我們從現在開始，做每件事也應發大悲心，以利他為己任，將佛菩薩品質落實於生命中。事實上，眾生本具這種品質，只是蒙塵已久，須不斷去除凡夫心，使人人皆有的如來智慧德相得以開發。

學佛，是基於對佛陀功德的仰慕。很多人都有自己仰慕的對象，或是聖賢偉人，或是學者、藝術家，乃至歌星、球星。崇拜對象不同，出發點也不同。有時是因為感佩對方的人格魅力，有時是因為欣賞對方的智慧和創造力，有時是因為羨慕對方的相貌和力量。作為佛教徒，我們仰慕的是佛法僧三寶。如果沒有深刻認識到佛陀的功德所在，即使皈投禮拜，多少帶有盲目甚至投機的成分。學佛的最終目的，是聞思佛法，行佛所行，而非停留於頂禮膜拜、燃香祈福。我們不僅要以佛陀作為依怙，更應以其品質作為榜樣，以其功德作為修行目標。

大乘經典中，記載了很多菩薩在因地所發的宏誓偉願。《無量壽經》中，阿彌陀佛發四十八願成就西方極樂世界；《藥師經》中，藥師如來發十二大願成就東方琉璃世界……作為學佛者，選擇一位佛菩薩為模範，以他的願力為自己的願力，以他的行持為自己的行動指南，實為穩妥、便捷的修行之道。我們學習《行願品》，也應該像普賢菩薩那樣發願並行持。若切實遵循本品闡述的修行法門，必能快速成就佛陀品質。

那麼，十大行願的內容分別是什麼呢？

「若欲成就此功德門，應修十種廣大行願。何等為十？一者禮敬諸佛，二者稱讚如來，三者廣修供養，四者懺悔業障，五者隨喜功德，六者請轉法輪，七者請佛住世，八者常隨佛學，九者恆順眾生，十者普皆迴向。」此十大行願又稱「願王」，標幟其殊勝、高超為一切願力之最。但僅僅看這些條目，我們可能會覺得很簡單。從禮敬諸佛到普皆迴向，都是極其尋常的修行功課，即使沒有學習本品的人，也一樣在拜佛、供養、懺悔。如此平淡無奇的法門，與人們心目中的成佛捷徑實在相距甚遠。那麼，它究竟為什麼被尊為願王呢？我們解讀經文內容，尤其是長行部分，才能了知個中原因。

「善財白言：大聖，云何禮敬，乃至迴向？」《行願品》是普賢菩薩為前來參訪的善財童子所作的開示。大聖，乃善財童子對普賢菩薩的尊稱。普賢菩薩闡明十大行願後，善財童子進一步請益：那麼，究竟怎樣禮敬諸佛乃至普皆迴向？

第一大願：禮敬諸佛

普賢菩薩告善財言：善男子，言禮敬諸佛者，所有盡法界虛空界，十方三世一切佛剎極微塵數諸佛世尊，我以普賢行願力故，起深信解，如對目前，悉以清淨身語意業，常修禮敬。一一佛所皆現不可說不可說佛剎極微塵數身，一一身遍禮不可說不可說佛剎極微塵數佛。虛空界盡，我禮乃盡。以虛空界不可盡故，我此禮敬無有窮盡。如是乃至眾生界盡，眾生業盡，眾生煩惱盡，我禮乃盡。而眾生界乃至煩惱無有盡故，我此禮敬無有窮盡。念念相續，無有間斷；身語意業，無有疲厭。

禮拜對於修行的意義極其重大，能以此強化三寶在我們心目中的地位。身為佛子，佛菩薩是否在我們心中有著至高無上的地位？是否比我們在世間擁有的一切更重要？許多人聲稱信佛，但總是在工作甚至娛樂之餘才想起修學，實為本末倒置。當然對在家居士來說，生存和工作畢竟是不可迴避的現實問題。但我們要知道，這些對生命只有暫時的意義，即使賺再多的錢，至多享用幾十年。而通過修行改造生命，關係到我們盡未來際的幸福。如果我們以佛法作為生命的唯一歸宿，必能發勇猛心，精勤道業。反之，將學佛視為生活的點綴，就只能種種善根而已。

禮敬，是通過身口意三業來體現對佛陀功德的景仰。包括平日見到的所有佛像、法寶，都應發自內心地表示尊重，外在體現為頂禮或合掌問訊。時常有人問：如果我們表現得不夠恭敬，佛菩薩是否會因此不快乃至遷怒於人？其實，唯有凡夫才這麼想，那正是我相、人相、眾生相、壽者相作怪。世人會因得不到他人尊敬而哀傷失落，但佛陀已徹底斷除我執，我們恭敬與否，對他老人家不構成絲毫影響。無論誹謗還是讚歎，佛陀都不會因之動心，所謂「毀譽不動如須彌」。

既然對佛陀沒有任何意義，我們為何還要禮敬諸佛？原因在於，這種禮敬對個人的修學極為重要。有一分恭敬，就能有一分佛法受益。在日常環境中，我們已習慣於放逸，內心也因之躁動不安，時時隨著凡夫心追逐名利聲色，製造人我是非。而當我們踏入寺院或面對佛菩薩像時，往往感到安詳和清涼。因為我們是帶著恭敬心來到寺院，帶著清淨心面對佛菩薩。若在家中營造一個氣氛莊嚴的佛堂，也能幫助我們將忙碌的心安定下來。當然，前提是必須有恭敬心，否則環境能起到的作用極為有限。如果我們時刻想著佛菩薩的功德和智慧，妄想就難有可乘之機。由此可見，恭敬本身就具有淨化內心的作用。心中有佛，生命就會擁有依怙和目標，而禮敬諸佛，則能使我們從內在身心到外在行為變得調柔而謙恭。

《普賢行願品》中，又是如何修習禮敬的呢？

「所有盡法界虛空界。」指範圍之廣大。法界，為法所在之處。佛教中，任何事物皆涵蓋於「法」的範疇，包括有的、空的、精神的、物質的、清淨的、染汙的……統稱為「法」。其中，色法為有形，心法為無形。界，是邊際之義，窮極諸法邊際，故稱法界。又因法無所不在，故法界亦無邊際。法界如是，虛空界亦如是，浩渺無邊，不可窮盡。普賢菩薩的修行，是以無盡法界和虛空界為對象，氣勢恢弘，不可限量。在我們的認識中，可曾以法界為對象？我們的所思所想，皆是具體、狹隘的人和事。我們拜佛，往往只是拜眼前這尊佛，甚至還會擔心：拜了這尊佛之後，是否冷落了其他佛菩薩？這完全是以凡夫心在揣度佛菩薩。如何才能突破這狹隘的心？應該像普賢菩薩那樣，以法界、虛空界為所緣對象。

「十方三世一切佛剎極微塵數諸佛世尊。」在廣袤無垠的法界和虛空界中，我們禮敬的不是一佛、二佛，而是十方三世一切諸佛。十方，指的是空間，即東、西、南、北、東南、東北、西南、西北、上、下十方；三世，指的是時間，即過去、現在、未來三世；佛剎，指的是諸佛菩薩的國土。在無盡時空的無量國土中，已有無數眾生成佛，多如微塵，這就是「極微塵數諸佛世尊」。色法之極少為極微，極微之七倍曰微塵，故「極微塵數」用於比喻數量之多，數不勝數。如果說十方三世充滿微塵那麼多的佛菩薩，也可以反過來說，每一微塵皆是佛菩薩的化現。若能以如此見地看待世界，目光所及，在在處處無一不是佛菩薩。這是一種極高的見地，可能大家一時理解不了，不妨先以信心來接受。在修學中，對我們能夠理解的，可以用理性接受；對我們無法理解的，則應以信心接受。當我們觀一切都是佛菩薩的顯現，內心自然會隨之清淨。

「我以普賢行願力故，起深信解，如對目前。」以普賢願力的加持，以普賢行願的觀修方法，發至誠懇切之心，觀想一切諸佛就在我們面前，歷歷在目。可能大家會說：我們眼前並沒有佛菩薩啊，所見所聞無非是世間的人和事。但我們要知道，佛以法身為身，而法身周遍如虛空，無有障礙，無所不在，故世間一切皆為佛身、佛德的顯現。事實上，不僅諸佛的心是如此，我們的心也具有同等功用，所謂「心包太虛，量周沙界」。只因妄想所縛，才變得狹隘而渺小。我們執著身體，就以身體健康為頭等大事；執著家庭，就以家庭幸福為重中之重。久而久之，使心完全繫縛於色身、家庭等，再也容不下其他。唯有放下我法二執，心才能與法界融為一體，沒有終了，也沒有邊際。這是通過觀想來轉換境界。

「悉以清淨身語意業，常修禮敬。」所謂清淨，就是遠離顛倒妄想，斷除貪嗔煩惱。凡夫心有種種執著和痛苦，分別此是好人、彼是壞人之類，由此引發好惡之心及種種煩惱。若將一切視為佛身和佛德的顯現，便能油然而生平等無別的恭敬心。如此，時時能以清淨無染的行為、語言和心念禮敬諸佛。

「一一佛所皆現不可說不可說佛剎極微塵數身，一一身遍禮不可說不可說佛剎極微塵數佛。」我們不僅要觀想宇宙中有微塵數諸佛，更要觀想自身是無所不在的。我們執著現有色身為「我」，便會局限於這個身體。通過觀想的力量，可將山河大地及一切有情觀想為自己的化身，觀想他們與自己一同禮敬諸佛。在每一處佛土、每一位佛陀面前，都有無數的我在禮拜；而每一個我，又在禮拜無量佛土中的無量諸佛。佛身遍滿宇宙，每一微塵既是佛，也是我們自己。佛菩薩是無限的存在，我們同樣是無限的存在。如是觀想時，自身便融入諸佛之中，不再有我相和貪嗔痴。當心量打開之後，小我就失去了藏身之地，我執也將隨之瓦解。

「虛空界盡，我禮乃盡。以虛空界不可盡故，我此禮敬無有窮盡。如是乃至眾生界盡，眾生業盡，眾生煩惱盡，我禮乃盡。而眾生界乃至煩惱無有盡故，我此禮敬無有窮盡。」這種禮敬不是暫時的，而是盡未來際永不間斷，虛空般永無盡頭。在漫長的修行路上，我們要將此清淨心行長久保持下去，一直持續到眾生、眾生的業力和煩惱都消失之後。但眾生是無邊無際的，雖然我們發願「眾生無邊誓願度」，但終究是度不完的。所以，我們對諸佛菩薩的禮敬也是沒有窮盡的。由此可以看到，普賢願力之宏大深遠，絕非世間的海誓山盟可比擬。

「念念相續，無有間斷；身語意業，無有疲厭。」這種禮敬將一念接一念地延續下去，永無中斷之時。雖然我們時時都在禮敬諸佛，但身、口、意三業卻樂此不疲，沒有絲毫厭倦。因為我們是發自內心地景仰佛陀功德。

我們現有的凡夫心是長時間培養起來的。成就佛菩薩品質，同樣需要通過持續的觀修來鞏固。尤其是修行之初，更要刻意強化心力，一旦觀修純熟並形成穩定的心行後，不必費力即可契入，並保持這一狀態。達到這樣的程度，我們就能時時禮敬諸佛。

第二大願：稱讚如來

復次善男子，言稱讚如來者，所有盡法界虛空界，十方三世一切剎土，所有極微一一塵中，皆有一切世界極微塵數佛，一一佛所皆有菩薩海會圍繞。我當悉以甚深勝解，現前知見。各以出過辯才天女微妙舌根，一一舌根出無盡音聲海，一一音聲出一切言辭海，稱揚讚歎一切如來諸功德海。窮未來際，相續不斷；盡於法界，無不周遍。如是虛空界盡，眾生界盡，眾生業盡，眾生煩惱盡，我讚乃盡。而虛空界乃至煩惱無有盡故，我此讚歎無有窮盡。念念相續，無有間斷；身語意業，無有疲厭。

我們讚歎一個人，可能因為他能力卓著，可能因為他道德高尚，可能因為他為人善良……總之，有過人之處才值得讚歎。我們稱讚如來，也是因為認識到如來的功德。前面說過，如來具有圓滿的智慧和慈悲。我們通過讚歎如來而憶念其功德，生起見賢思齊、高山仰止之心，當心完全融入這些功德時，凡夫心將隨之瓦解。時時讚歎並憶念佛陀的智慧和慈悲，以此作為觀修所緣，還能幫助我們強化修行目標。所以，稱讚如來是非常重要的修行，諸佛之間也時常互相讚歎。

稱讚有兩種，一是恰如其分地讚歎他人長處，一是以有所得之心諂曲奉承。前者是清淨的，能令眾生歡喜；後者是染汙的，且會妨礙修行。以善心讚歎他人，不僅能帶來融洽和諧的人際關係，還能使我們充分認識他人長處，從善如流。若能時時發現他人優點，會覺得世界充滿陽光，因為我們看到、想到的都是好人。

讚歎他人，能幫助我們有效克服我慢、我執和嫉妒。一個我慢或嫉妒心特別重的人，是不會稱讚別人長處的。自古文人相輕，原因就在於自視甚高，將所有好話留給自己，不願贈予他人。更有甚者，總是拿著放大鏡檢查他人缺點，似乎所有人都不如自己，全世界都對不起自己，結果使內心充滿嗔恨，終是害人害己。其實，再惡的人也總有其長處。按佛法的觀點來說，以好人或壞人來定義是不合適的，區別只在於健康或不健康。以這個標準看，佛陀是絕對健康的人，因為他已徹底去除生命中的不健康因素。

我們來看一看，《普賢行願品》是如何稱讚如來功德的：

「所有盡法界虛空界，十方三世一切剎土，所有極微一一塵中，皆有一切世界極微塵數佛，一一佛所皆有菩薩海會圍繞。我當悉以甚深勝解，現前知見。」稱讚如來，是以如來功德為所緣，且不是稱讚一佛、二佛，而是盡法界、虛空界、十方三世一切剎土的如來。首先要觀想在宇宙中，在無量無邊的佛國中，有微塵數那麼多的佛菩薩聚會一處，其德之深與數之多，猶如大海。如《華嚴玄疏》云：「言海會者，以深廣故，謂普賢等眾德深齊佛，數廣剎塵，故稱為海。」不僅要如是觀想，更要於所緣境決定印可而不移轉，深信所見一切皆為佛身和功德的顯現。

「各以出過辯才天女微妙舌根，一一舌根出無盡音聲海，一一音聲出一切言辭海，稱揚讚歎一切如來諸功德海。」面對海會雲集的佛菩薩，我們怎樣才能一一稱揚讚歎呢？同樣要藉助觀想的力量，將自己觀想為辯才天女。辯才天女出自《華嚴經·如來出現功德品》，擁有五百條舌頭，每一舌皆能說多種語言。我們可以觀想自己像辯才天女那樣，以無量舌頭發出各種音聲，每一音聲皆在讚歎如來功德。我們還可以將自己觀想為播音員，在說話時，整個世界有百萬、億萬的聲音同時響起。我們還可以將聽到的山河大地間的所有聲音，包括風聲、雨聲、琴聲、歌聲、鳥鳴聲、流水聲、讀書聲都觀想為稱歎如來的美妙讚歌。當我們至心稱讚如來大悲周遍、智慧無邊時，心就會消融於無所不在的慈悲和智慧中。因為我們感受到的一切，皆是如來功德和讚歎如來功德的音聲，無我亦無我所。

窮未來際，相續不斷；盡於法界，無不周遍。如是虛空界盡，眾生界盡，眾生業盡，眾生煩惱盡，我讚乃盡。而虛空界乃至煩惱無有盡故，我此讚歎無有窮盡。念念相續，無有間斷；身語意業，無有疲厭。從今往後，我們要時時刻刻、持續不斷地讚歎如來功德，並使這種讚歎充滿法界，遍及一切。如果虛空會有盡頭，眾生及眾生的業力、煩惱會有盡頭，我們發出的讚歎才會停止。但虛空乃至眾生煩惱是永無止境的，所以我們對如來的讚歎也是永無止境的，更不會對此感到疲倦。

我們讚歎佛陀的大慈大悲，智慧無量，因讚歎而心嚮往之，以身口意三業類比佛陀的心行。這種憶念的過程，本身就是修行。事實上，凡夫心也是通過憶念成長的。貪心，是因為我們不斷貪著形成的；嗔心，也是因為我們不斷嗔恨造成的。這些正是心行訓練的「成功典範」，遺憾的是，它們是本該斷除而非加強的。如果我們以培養貪心和嗔心的那份努力來憶念佛菩薩功德，就在念念增長佛菩薩那樣的慈悲和智慧，何愁不能成就？

第三大願：廣修供養

復次善男子，言廣修供養者，所有盡法界虛空界，十方三世一切佛剎極微塵中，一一各有一切世界極微塵數佛。一一佛所，種種菩薩海會圍繞。我以普賢行願力故，起深信解，現前知見，悉以上妙諸供養具而為供養。所謂華雲、鬘雲、天音樂雲、天傘蓋雲、天衣服雲、天種種香、塗香、燒香、末香，如是等雲，一一量如須彌山王。燃種種燈，酥燈、油燈、諸香油燈，一一燈炷如須彌山，一一燈油如大海水。以如是等諸供養具，常為供養。善男子，諸供養中，法供養最。所謂如說修行供養，利益眾生供養，攝受眾生供養，代眾生苦供養，勤修善根供養，不捨菩薩業供養，不離菩提心供養。善男子，如前供養無量功德，比法供養一念功德，百分不及一，千分不及一，百千俱胝那由他分、迦羅分、算分、數分、喻分、優波尼沙陀分，亦不及一。何以故？以諸如來尊重法故，以如說修行出生諸佛故。若諸菩薩行法供養，則得成就供養如來。如是修行，是真供養故。此廣大最勝供養，虛空界盡，眾生界盡，眾生業盡，眾生煩惱盡，我供乃盡。而虛空界乃至煩惱不可盡故，我此供養亦無有盡。念念相續，無有間斷；身語意業，無有疲厭。

學佛者多少修過供養，如以香、花、燈或財物供養三寶。在佛教中，與供養內涵接近的是布施，都是給予對方。但供養強調親近、奉事、尊重的成分，而布施含有對弱者的同情、憐惜、愛護之義。所以對佛菩薩及父母、師長，是以恭敬心供養。同時，若能以供養心行布施，更有利於平等心的修習，將迅速成就清淨、圓滿的功德。

人天路上，修福為先。福報從何而來？正是通過供養、布施而來，就像收穫是通過播種而來。供養的對象又稱福田，主要有三種。一是悲田，如窮困者及弱勢群體；一是恩田，為父母等有恩於我們的人；一是敬田，為三寶、師長等我們恭敬的善知識，這些都是培植福德的土壤。有了福報，人生和修行道路才能暢通無阻。或許有些人不解：生存自然是需要福報，難道修行也要福報嗎？確實如此。如果沒有福報，修行會遇到很多障礙，所謂「修慧不修福，羅漢托空缽」。我們的色身需要物質滋養，若是資糧不足，甚至整天要為生計奔忙操勞，如何安心辦道？

另一方面，供養還能幫助我們克服慳貪和吝嗇的心理。凡夫最大的特點就是貪著，將屬於自己的物品也視為自身一部分。煩惱便因這種對「我所」的執著而產生，物品損壞後為之傷感，失去後為之心痛，贈予他人更是萬般不捨。貪著和我執，是對自己傷害極大的兩種煩惱，供養正是破除它們的重要法門。菩薩之所以能為眾生捨棄一切，是因為在他們心目中，眾生和自己是平等無別的。在世間，母親對兒女的付出最無私，但離菩薩的境界相距甚遠。因為菩薩行還具有無相、無住、無所得的特點，毫無執著和期待。

說到供養，可能有些人會擔心：如果缺乏供養的財力，又該怎麼辦呢？其實，供養的重點並不在於實際財物，而是在於心行。同樣是供養，發心不同，採取的方式不同，效果和所獲福報也大不相同。《行願品》中，普賢菩薩為我們揭示了將有限供養轉為無限的觀修法門，以此獲福無量。

「言廣修供養者，所有盡法界虛空界，十方三世一切佛剎極微塵中，一一各有一切世界極微塵數佛。一一佛所，種種菩薩海會圍繞。我以普賢行願力故，起深信解，現前知見。」供養，首先要有供養的對象。《行願品》所言為「廣修供養」，即廣泛供養一切。本品的修行所緣境有兩種：一是以佛菩薩品質為觀修所緣，一是以所有眾生為發菩提心的所緣。在此，重點以佛菩薩功德為所緣境。我們每天供佛時，不僅要供養眼前這尊佛，也應像「禮敬諸佛」和「稱讚如來」那樣，禮拜並供養十方三世一切諸佛。如果只供一尊佛，成就的僅是一份功德；供養十方三世一切諸佛，才能成就無量功德。面對海會圍繞的佛菩薩，我們又以什麼作為供養呢？

「悉以上妙諸供養具而為供養。」應該以最上等、微妙、聖潔的供品供養諸佛，以此表達我們的無上敬意。

「所謂華雲、鬘雲、天音樂雲、天傘蓋雲、天衣服雲、天種種香、塗香、燒香、末香。」華雲，比喻花盛如雲；鬘雲，是將花連成一串串的花鬘；天音樂雲，是最為美妙的天籟之音，所謂「此曲只應天上有」；天傘蓋雲，是帝王出巡或舉辦法會時使用的傘蓋；天衣服雲，是天人享用的霓裳羽衣；天種種香，是指最馥郁、芬芳的香料；塗香，是塗抹於身體的香膏；燒香，是通過燃燒散發香味的線香等；末香，是研磨成粉狀的香末。每種供品皆多如雲湧，數不勝數。

「如是等雲，一一量如須彌山王。」須彌山，又譯妙高山，佛教認為是宇宙中最高大的山，高廣無邊。此處用來形容供品之多，堆積如山。

「燃種種燈，酥燈、油燈、諸香油燈。」此外，還要點燃種種明燈，包括酥油燈、油燈及各種香油製作的燈。佛經中，燈明為六供具之一，比喻佛的智波羅蜜。

「一一燈炷如須彌山，一一燈油如大海水。」這些供佛的燈明，並非我們平時所用的供燈，而是燈炷高如須彌山，燈油多如大海水的巨型供燈。

或許大家會擔心：怎麼能有條件準備這些香、花、燈、油？不必擔心，因為《行願品》是通過觀修來完成廣大殊勝的供養。我們看到一切花草樹木，皆可通過觀想轉化為供養所需的珍妙物品；看到萬家燈火，則可觀想為供佛的「酥燈、油燈、諸香油燈」。包括我們的每個心念乃至色身，皆可轉化為供養於佛菩薩前的一盞明燈、一朵蓮花。若能作如是觀想，我執就無處藏身了。因為一切都是獻給諸佛的供品，何處有「我」的存在？所以，「廣修供養」也是對治凡夫心的有效法門。

「以如是等諸供養具，常為供養。」時刻作如是觀修，我們的心自然能從我執、我所執中超越。若能將一切供養諸佛菩薩，心便是無量的。以無量之心觀想無量供具，供養無量諸佛菩薩，當下即可成就無量福德。以這樣的方法積累功德，則能迅速成滿佛道資糧。當我們供養一杯水時，可將之觀想為四大海的淨水；當我們供養一盞燈時，可觀想為盡虛空遍法界的燈明。無論供養什麼，皆觀想為廣大無限的供養，使我們的心像虛空那樣無限廣闊，不住於相。如果這樣的話，即使供養一杯水，也能成就虛空般的無盡功德。反之，若心有所住，所獲福德將極為有限，就像《金剛經》所說的「如人入暗，則無所見」。

「善男子，諸供養中，法供養最。」一切供養中，財供養雖然功德很大，卻遠不如法供養殊勝。當然，能像本品所說的那樣觀想，供燈、供花的本身，就已昇華為法供養了。通過依法修行，我們可以開智慧、斷煩惱、證解脫。所以佛陀在很多經典中為我們宣說了法供養的意義，如《金剛經》數數以校量功德引導人們行法供養。為什麼財布施不及法布施，財供養不及法供養呢？因為財供養只能滿足暫時的需要，法供養卻能改變生命品質。一個品格低劣、煩惱重重的人，即使擁有許多財富，依然不會快樂。反之，對於斷除煩惱的聖者而言，哪怕一無所有，生活清貧，同樣能處處自在，時時安樂。那什麼是法供養呢？

「所謂如說修行供養。」即聞思正法，如理作意，法隨法行。佛陀出現於世，目的是為了引導眾生解脫煩惱和生死。按照佛法指引的道路修行，像佛菩薩那樣利益一切眾生，才是至高無上的供養。若僅僅對佛教有興趣，對佛陀有感情，於了生脫死並無實際幫助，也不是令諸佛歡喜讚歎的真正佛子。就像在家庭中，依父母意願行事的孝順兒女才能令長輩歡喜。若不聽父母教誨，胡作非為，雖能給父母帶來錢財，卻無法令其安心。同樣的道理，依法修行才是佛弟子應有的作為。

「利益眾生供養。」時刻心繫眾生，盡自己所能地利益他人，也是供養如來的方式之一。《行願品》第九大願談到：若令眾生歡喜，即令如來歡喜；隨順眾生，即是隨順如來。諸佛如來從發心開始，為救度眾生精進修行。很多人以為，學佛的目的是為了成佛。這固然不錯，但我們要知道，成佛的目的也是為了更好地度化眾生，所謂「為利有情願成佛」。所以對利益眾生的行為，十方諸佛都會歡喜讚歎，因為我們正是在行佛所行。

「攝受眾生供養。」以布施、利行、愛語、同事四攝法門攝受眾生，引導他們皈依、學佛，以此作為對諸佛如來的供養。

「代眾生苦供養。」願擔負天下蒼生的痛苦，願以己身代替一切眾生承受苦難，是慈悲心的極致。慈悲是佛菩薩的悲智二德之一，以廣大悲心與眾生同甘共苦，是對諸佛如來的真正供養。

「勤修善根供養。」勤是精進、勤奮。佛法所說的善行有不同內涵，如以五戒、十善為主的人天善行，以戒、定、慧、解脫、解脫知見五分法身為主的解脫道善行，以布施、持戒、忍辱、精進、禪定、般若六度為主的菩薩道善行。勤修善根，能使出離心、菩提心的力量得到增強，最終證佛所證，為究竟供養。

「不捨菩薩業供養，不離菩提心供養。」生生世世永不捨離菩薩道事業，永不捨離菩提心實踐，盡未來際走在菩提大道上，自利利他，自覺覺他，才是究竟圓滿的法供養。

「善男子，如前供養無量功德，比法供養一念功德，百分不及一，千分不及一，百千俱胝那由他分、迦羅分、算分、數分、喻分、優波尼沙陀分，亦不及一。」此處以一系列比喻，襯托法供養的功德之大。《金剛經》中，也通過反覆校量來凸顯法供養與財供養的功德差別。如以恆河沙生命或三千大千世界七寶布施，所獲福德雖巨，卻比不上受持《金剛經》四句偈的功德。因為單純的財供養不能在根本上解決生命問題，故無法與依法修行所獲功德比擬。

何以故？以諸如來尊重法故，以如說修行出生諸佛故。」三世諸佛皆依法修行而成就，故法以其至高無上的地位備受尊重，即使諸佛如來，同樣要禮敬法。如果沒有法存在於世，諸佛就無法證道並成就。

「若諸菩薩行法供養，則得成就供養如來。如是修行，是真供養故。此廣大最勝供養，虛空界盡，眾生界盡，眾生業盡，眾生煩惱盡，我供乃盡。而虛空界乃至煩惱不可盡故，我此供養亦無有盡。念念相續，無有間斷，身語意業，無有疲厭。」如果菩薩能行法供養，才是最究竟、真實的供養。《行願品》闡述的廣大供養乃無上妙法，發心極為廣闊，在空間上周遍十方，在時間上盡未來際。如果虛空會有盡頭，眾生及眾生的煩惱會有盡頭，這種廣大供養才會結束。事實上，虛空是無盡的，眾生及眾生的煩惱是無盡的，所以對諸佛如來的供養也是永無止境的。並且這種供養時刻都在進行，從來不曾間斷，始終不會厭倦。

由此可以看到，普賢菩薩所發大願之深廣，境界之高超，實在令人歎為觀止。這也正是它被尊為願王的關鍵所在，因為每一願的實踐皆以無限的時間和空間為所緣對象。

第四大願：懺悔業障

復次善男子，言懺除業障者，菩薩自念，我於過去無始劫中，由貪嗔痴，發身口意，作諸惡業，無量無邊。若此惡業有體相者，盡虛空界不能容受。我今悉以清淨三業，遍於法界極微塵剎，一切諸佛菩薩眾前，誠心懺悔，後不復造，恆住淨戒一切功德。如是虛空界盡，眾生界盡，眾生業盡，眾生煩惱盡，我懺乃盡。而虛空界乃至眾生煩惱不可盡故，我此懺悔無有窮盡。念念相續，無有間斷；身語意業，無有疲厭。

修行過程中，不僅要積累資糧，更應懺悔業障。無始以來，業力推動並左右生命的延續。這是佛教和其他宗教的重要區別。其他宗教認為一切皆由神造，而佛教不承認有造物主，指出命運決定於自己造作的業力。

業是由行為構成，包括身業、語業和意業。所以說，身體、語言、思想是業力產生的三大管道。其中，最難把握的是思想行為，即每日的起心動念。現代人妄想特別多，因為世界太複雜、生活太豐富了，故整日思緒紛飛，不絕如縷。我們往往以為，妄想過去就不留痕跡了，很少有意識地在這方面約束自己。事實上，每個心念都會在識田留下影象，形成正面或負面的心行力量。當善心所活動時，我們自己也覺得開心自在。關愛他人，能令我們的內心柔和謙恭；救濟貧困，能令我們的心胸慈悲寬廣。反之，當不善心所作用時，我們會被嗔恨和痛苦折磨，不僅傷害他人，更傷害自己。

在無盡的生死長河中，我們曾經想過、做過很多。這些生命延續中積累的經驗，將在識田中形成不同的業力，包括善、惡、無記三種。這些業力就像編寫的各種程序，在未來繼續活動，給我們帶來不同結果。其中，善業代表正面力量，令生命健康發展；惡業代表負面力量，令生命墮落深淵。凡是我們造作的業力，必定會感得苦樂果報，即「業決定之理」。也就是說，一切快樂都是善業招感，所有痛苦皆由惡業決定。即使點滴的苦樂果報，亦是往昔善惡業力所致，無一例外。故學佛須深信業果真實不虛，唯有這樣，才能策勵我們「諸惡莫作，眾善奉行」。外在的事業很快會成為過去，但在內心產生的影象會長久起效。業是決定的，不作不得，作已不失。

事實上，每個眾生都具備和佛菩薩一樣清淨、無染、圓滿的心，但因無明所覆，使內心汙濁不堪。所以，佛陀在很多經典中為我們闡述了懺悔法門，以此清除業障並淨化人格。同時，懺悔也是戰勝凡夫心的重要手段，所謂「懺悔則清淨，懺悔則安樂」。在修學過程中，任何法門必須以懺悔為前行。漢傳佛教中，天台宗祖師曾制訂了許多懺法，以此掃除修法道路上的障礙。藏傳佛教的前行中，大禮拜及誦百字明咒都屬於懺悔的內容。如果不具備這些前提，修行路上往往違緣眾多、障礙重重。

關於懺悔之道，《道次第》歸納為四種：

一是**依止力**，我們皈依之後，通過念佛、拜佛、憶念三寶功德等方式，不斷祈求三寶加持。同時發起殊勝的菩提心，一旦發起這種最強大的力量，罪業就迎刃而解了。

二是**能破力**，以追悔來摧毀罪業。造業後，若以至誠懇切之心懺悔，後不復造，就能使重業轉輕，輕業消除。就如我們和某人結怨後，真誠地向對方表示歉意，便能及時化解矛盾。

三是**對治現行力**，以念佛、誦經、持咒等力量解決問題，如讀誦大乘經典或持大悲咒、百字明咒、懺悔文等。其中，觀一切法無自性空對治效果最佳，當然難度也最大。

四是**遮止力**，業有增長廣大的功能，就像樹種會長成參天大樹。同樣，我們所造惡業雖小，卻能繼續增長。尤其是造作後不斷重複這一行為，力量將迅速增強。遮止力，便是停止造作，不再給這一業行創造成長因緣。

那麼，《行願品》又是以什麼方式懺悔的呢？

「菩薩自念，我於過去無始劫中，由貪嗔痴，發身口意，作諸惡業，無量無邊。」此處所言之菩薩，不僅指普賢菩薩，也包括每個學習《行願品》、發起菩提心的佛子。生命並非始於今生，而是有著無窮的過去。故應省察自己多劫以來，受貪嗔痴煩惱影響，身口意三業造作了無量惡業。煩惱就像電腦病毒一樣，一旦運行，會影響乃至破壞整個系統的運轉。更可怕的是，煩惱還能不斷複製並全面感染其他檔。同樣，貪嗔痴三毒也不僅限於自身的單獨活動，還有自動複製的能力，會干擾其他心理活動。當我們被負面情緒主宰時，所有想法和行為都會塗抹這一色彩。如對某種境界或對象生起強烈的貪心時，這種心念會在行住坐臥間時時現起，徘徊不去。

貪嗔痴是生命中的三種主要毒素，其根本又在於痴，即無明，對生命真相缺乏認識。若能照了一切事物皆由因緣和合，虛幻不實，儘管念頭來來去去，仍能始終保持警覺，歷歷分明，不被妄念所轉。問題在於，我們總是將這些念頭執以為「我」，不自覺地被其主宰並染汙。即使想要安靜一下，念頭還是無法控制。無明還使我們產生錯誤的人生觀，如以事業成敗衡量自我價值等。其實，做事只是緣起的過程，但被賦予自我的感覺後，卻帶來諸多執著和煩惱。貪嗔痴還使世界充滿種種惡業，因為貪，會導致謀財害命（殺）、偷盜搶劫（盜）、好色邪淫（淫）、詐騙錢財（妄）等行為。同樣，嗔和痴也會引發殺、盜、淫、妄。可見，一切犯罪行為皆源於貪嗔痴。要杜絕社會犯罪現象，必須從改善人心下手，否則只是治標而不治本。

「若此惡業有體相者，盡虛空界不能容受。」惡業，即不善業，包括身三、口四、意三共十種。其中，身體行為是殺、盜、淫，語言行為有兩舌（挑撥離間）、惡口（以粗惡語傷害他人）、綺語（誨淫誨盜、愛恨情仇）、妄語（假話），思想行為是貪婪、嗔恨、邪見。反之則是十種善行，即不殺、不盜、不邪淫，不兩舌、不惡口、不綺語、不妄語、不貪、不嗔、不邪見。無始以來，由於貪嗔痴三不善根，使我們造下無邊惡業。若這些惡業有形有相的話，虛空都無法容納。正如《地藏經》云：「南閻浮提眾生舉止動念，無不是業，無不是罪。」或許有人會說，我們並沒有時時造作殺盜淫妄。須知，即使我們沒有造作行為上的殺盜淫妄，起心動念仍被貪嗔痴染汙。哪怕做件好事，也往往不是純正的善行。那麼，我們又該如何對待這些罪業呢？

「我今悉以清淨三業，遍於法界極微塵剎，一切諸佛菩薩眾前，誠心懺悔，後不復造，恆住淨戒一切功德。」首先，觀想宇宙間有微塵剎土那麼多的佛菩薩，而我們是向盡虛空、遍法界的佛菩薩懺悔。在觀想過程中，以虔誠、清淨的身口意三業，將自己融入佛菩薩的功德中，是消除罪業的最佳方法。如果我們心中充滿佛菩薩的功德，不隨貪嗔痴所轉，三業即可保持清淨，人格也將隨之淨化。所以，清淨三業本身就是最好的懺悔。更重要的，還須發誓將來不再造作惡業。否則的話，這種懺悔必定不是發自內心的，也就缺乏相應的力量。

雖然我們在無量劫中造作了諸多罪業，但不要使其成為心靈負擔，更不要被它們壓垮。佛陀要我們認識到這些罪業，並非讓我們沉溺其中，自怨自艾，而是讓我們警惕種種不良習氣，指引我們以正確的態度去對待，去改變。事實上，罪業並無固定不變的實質，而是因緣所生，是無自性的，可以通過相應的手段對治。業力由心而生，同樣可以用心懺悔，所謂「罪從心起將心懺，心若滅時罪亦亡，心亡罪滅兩俱空，是則名為真懺悔」。通過真誠、猛利的懺悔，或是體認罪業本質，便可從根本上清除它。

「如是虛空界盡，眾生界盡，眾生業盡，眾生煩惱盡，我懺乃盡。而虛空界乃至眾生煩惱不可盡故，我此懺悔無有窮盡。念念相續，無有間斷；身語意業，無有疲厭。」懺悔，絕非一次、兩次即可萬事大吉。許多人或許有這樣的經驗，犯錯後雖然也知懊悔，也想痛改前非，但不久又會明知故犯。因為眾生的煩惱習氣根深柢固，所以懺悔也必須長期、持久地進行，盡未來際永不間斷，才能形成穩定的心行力量，與無始以來的習氣抗衡。

當我們的心轉化為清淨心、慈悲心和智慧心時，當下就能和佛菩薩相應。那時，煩惱就再也奈何不了我們了。

第五大願：隨喜功德

復次善男子，言隨喜功德者，所有盡法界虛空界，十方三世一切佛剎極微塵數諸佛如來，從初發心，為一切智，勤修福聚，不惜身命，經不可說不可說佛剎極微塵數劫。一一劫中，捨不可說不可說佛剎極微塵數頭目手足。如是一切難行苦行，圓滿種種波羅蜜門，證入種種菩薩智地，成就諸佛無上菩提，及般涅槃，分布舍利。所有善根，我皆隨喜。及彼十方一切世界，六趣四生一切種類，所有功德，乃至一塵，我皆隨喜。十方三世一切聲聞及辟支佛、有學、無學，所有功德，我皆隨喜。一切菩薩所修無量難行苦行，志求無上正等菩提廣大功德，我皆隨喜。如是虛空界盡，眾生界盡，眾生業盡，眾生煩惱盡，我此隨喜無有窮盡。念念相續，無有間斷；身語意業，無有疲厭。

隨喜，即隨順、讚歎他人所修善行、功德和成就。任何人做利益眾生之事，我們都應該由衷地歡喜讚歎。以清淨心隨喜他人善行，也是在成就自身的善心。不僅如此，隨喜還能獲得與行善者相同的功德，在某些情況下，甚至會超過對方。原因何在？因為所獲功德的多寡是取決於發心，而非我們以為的，與出了多少錢或多大力成正比。心就像裝載功德的容器，如果本身狹隘且放有其他雜物，自然就盛不下更多。若以充滿我執、名利的凡夫心行善，即使所做的事情很大，但因為發心狹隘而不純淨，所獲功德往往非常有限。反之，若能以無限廣大的清淨心去隨喜，所獲功德將是盡虛空、遍法界的。

無論我們做什麼，都離不開心靈的參與。事實上，發什麼心做事，最後將成就什麼。發凡夫心行善，只能積累人天福報；發菩提心利他，才能成就佛菩薩的品質。所以，我們要以廣大無限的心去隨喜。這件事看似容易，實際操作時卻並不容易。當自己的家人樂施淨資利益大眾時，我們可能會埋怨他們亂花錢；當不相干的人發心行善時，我們又會對別人的做法心生嫉妒，同樣隨喜不起來。

這兩種情況都很普遍，因為凡夫局限於我執中，只希望自己成就或受益。唯有去除我執，才能無私地隨喜他人，無我地讚歎他人。就像佛菩薩那樣，將眾生和自己視為一體，為他們的快樂而快樂，為他們的痛苦而痛苦。具足這樣的心，才能發自內心地隨喜一切善行，這是迅速積累資糧的捷徑。因為我們的能力和精力有限，不可能事事身體力行，但只要以清淨、廣大的心隨喜，功德將念念增長。也許有人會覺得，既然隨喜能獲得如此功德，再遇到需要出錢出力的事，口頭表示一下即可，錢和力都可省下了。如果是這樣，所謂的隨喜必定是不真誠的，只是為自己的吝嗇找藉口。要知道，隨喜不僅包括內心的認同，語言的讚歎，還包括相應的行為。根據自己的實際情況積極參與，才是身口如一的隨喜，是由衷、清淨的隨喜。

《行願品》中，又是如何修習隨喜法門的呢？

「所有盡法界虛空界，十方三世一切佛剎極微塵數諸佛如來，從初發心，為一切智，勤修福聚，不惜身命。」首先，我們要隨喜佛菩薩的功德，因為修行的終極目標正是成佛。我們隨順的不僅是一佛、二佛，而是十方三世一切諸佛。諸佛菩薩從最初發心開始，為成就一切智慧，為追求真理和解脫，精進不懈地修福修慧，甚至不惜以生命為代價。這種為法忘軀的精神，值得一代又一代佛弟子仿效。對於他們的所有善行，我們應當由衷地歡喜並讚歎。

經不可說不可說佛剎極微塵數劫。一一劫中，捨不可說不可說佛剎極微塵數頭目手足。在因地三大阿僧祇劫的漫長修行中，佛陀不知多少次為法捨身，行種種難行苦行。只要眾生需要就慨然給予，乃至捨身飼虎、割肉餵鷹，血肉之軀尚不足惜，更何況身外財物。為聽聞無上正法，更是難捨能捨。佛陀在因地時，曾生於無佛之世，為向一羅剎求半偈法，毅然捨身。僅從這點來說，佛菩薩的境界就是我們難以想像的。對現代人來說，不必說為半偈捨身，若是聽法條件差一點，很多人可能就不來了。在經濟條件允許的範圍內修一點布施，也往往百般不捨。身為佛子，怎樣才能克服凡夫心，不斷向佛菩薩靠攏呢？首先應該隨喜佛菩薩的功德，以此作為修學入手處。

「如是一切難行苦行，圓滿種種波羅蜜門。」種種波羅蜜門，即布施、持戒、忍辱、精進、禪定、般若六度，這是菩薩修行的六個主要項目。佛陀在行菩薩道的過程中，不斷修習六度直至圓滿。怎樣才能圓滿六度？僅以布施為例，天下需要幫助的人那麼多，我們的能力又如此有限，如何才有圓滿的那天？其實不必擔心，布施的圓滿並不在於給所有眾生提供實際幫助。如果那樣的話，面對無量無邊的眾生，不僅我們永無機會圓滿布施，諸佛菩薩也難以成就了。我們知道，諸佛菩薩都發願度盡一切有情，為什麼他們成佛了，世間仍有那麼多苦難眾生？可見，圓滿布施的關鍵也在於心行。只要對每個眾生都能生起布施心，無一人例外；對任何利他財物都願意布施，無一物不捨，布施就圓滿了。慈悲也是同樣，能對所有眾生生起無限悲心，就已具備佛菩薩的大慈大悲。

「證入種種菩薩智地。」菩薩道修行共有十地，分別是初地歡喜地、二地離垢地、三地發光地、四地焰慧地、五地難勝地、六地現前地、七地遠行地、八地不動地、九地善慧地、十地法雲地。十地代表了菩薩修行中斷除煩惱的程度，也標誌著菩薩成就功德的程度。這一修行步驟，正如我們驅車從蘇州前往北京，必須經過很多站才能到達。同樣，成佛也不是虛無縹緲的，在每個前行階段都有明確的考量標準，使修學者可以對照自身加以調整。

「成就諸佛無上菩提，及般涅槃，分布舍利。」最終成就無上菩提，即福德和智慧的究竟圓滿。同時成就法、報、化三身，以及法界體性智、大圓鏡智、平等性智、妙觀察智、成所作智。涅槃，代表佛陀在這個世界身相的結束。雖然佛陀法身是不生不滅的，但與此間眾生因緣已盡，故其應化身會在娑婆世界消失。這並不意味著佛陀死了，因為他是不生不滅、不來不去的。舍利，乃佛陀荼毗後留下的骨子，如五色珠，光瑩堅固。佛陀涅槃後，將其舍利分布世界各地，造塔供奉，給未能值遇佛世的眾生種下善根。陝西扶風法門寺收藏的佛指舍利和北京靈光寺收藏的佛牙舍利，都是聞名世界的佛陀舍利。二〇〇二年，法門寺的佛骨舍利應邀前往台灣巡展，朝拜者超過四百多萬。佛陀已滅度兩千五百餘年，其遺骨尚能引起如此轟動，充分體現了佛陀功德的感召力。

「所有善根，我皆隨喜。」當我們由衷讚歎佛陀的發心和功德時，就能將心逐步融入其境界中，使自己的發心向佛陀的發心靠攏，使自己的行為向佛陀所修善行看齊。所以隨喜不僅是稱揚讚歎，重點還在於觀所緣境，將心融入其中。若只停留於口頭讚美，算不上真正的隨喜。

「及彼十方一切世界，六趣四生一切種類，所有功德，乃至一塵，我皆隨喜。」我們不但要隨喜佛菩薩的功德，還要隨喜十方一切眾生的功德。六趣，指天、人、阿修羅、傍生、餓鬼、地獄六道，四生則指有情受生的四種形式，即胎、卵、濕、化。我們對所有眾生的善行表示讚歎，隨時發現、鼓勵、讚歎他人的長處，既能使對方的長處發揚光大，還可使自己得到策勵。反之，如果總帶著凡夫心挑剔他人，既可能損惱對方，也會增長自身的慢心等習氣，於己於人皆無益處。

「十方三世一切聲聞及辟支佛、有學、無學，所有功德，我皆隨喜。」聲聞，是修習解脫道而證果的聖者。辟支佛，指那些樂獨善寂、慧根極利的聖賢，雖值無佛之世，但能通過花開花落等自然現象，體悟諸法緣起和空性而解脫。有學、無學也代表修行的不同階段。所謂有學，即修行尚未圓滿，為聲聞的前三果，分別是須陀洹果、斯陀含果和阿那含果。所謂無學，即所作已辦、不受後有的阿羅漢，徹底斷除煩惱，了達諸法空性。對這些聖人的修行和功德，我們應該廣泛隨喜。當我們以清淨心讚歎時，就能與他們成就的功德相應，將自己的心融入這些功德中。

「一切菩薩所修無量難行苦行，志求無上正等菩提廣大功德，我皆隨喜。」一切菩薩所修難行苦行，為尋求真理而捨棄生命，為救度眾生而奉獻自身，這些高尚行為我們都要發自內心地讚歎。

「如是虛空界盡，眾生界盡，眾生業盡，眾生煩惱盡，我此隨喜無有窮盡。念念相續，無有間斷；身語意業，無有疲厭。」這種隨喜是永無止境的。因為一念隨喜的力量微不足道，無法形成穩定的心行。如果更多時間還想著吃喝玩樂的話，隨喜之心很快會淹沒不見。只有時刻憶念佛菩薩功德，才能形成穩定的心行，念念安住。

第六大願：請轉法輪

復次善男子，言請轉法輪者，所有盡法界虛空界，十方三世一切佛剎極微塵中，一一各有不可說不可說佛剎極微塵數廣大佛剎。一一剎中，念念有不可說不可說佛剎極微塵數一切諸佛成等正覺，一切菩薩海會圍繞。而我悉以身口意業種種方便，殷勤勸請轉妙法輪。如是虛空界盡，眾生界盡，眾生業盡，眾生煩惱盡，我常勸請一切諸佛轉正法輪，無有窮盡。念念相續，無有間斷，身語意業，無有疲厭。

轉法輪，比喻佛陀說法。根據印度的傳說，轉輪聖王出世時以輪寶號令天下，所向披靡，無堅不摧。以法輪為喻，標識佛法能摧毀眾生的一切煩惱。佛陀在鹿野苑初轉法輪時，宣說苦、集、滅、道四諦法門。佛法雖有三藏十二部典籍，博大精深，綱領卻無出其右。四諦法門又包含兩重因果，以「苦諦」和「集諦」說明輪迴的因果，如眾生為何有種種煩惱，命運為何有種種差別等。眾生長劫輪迴，有生、老、病、死之苦，有愛別離、怨憎會、求不得、五蘊熾盛之苦，這些痛苦的根源，正是「集」闡述的內容。此外，佛陀還以「滅諦」和「道諦」說明解脫的因果。滅，為滅除煩惱和痛苦，也就是佛法所說的涅槃境界。至於如何滅除，則是道諦的內容。四諦法門又相當於治病的程序，一是指出病狀，二是尋找病源，三是說明痊癒效果，四是決定治療方案。在了脫生死之前，我們都是輪迴的重病患者，佛陀則是幫助我們治病的大醫王，引導我們究竟解決煩惱病苦，成為真正健康的解脫者。

說到解決痛苦，世人日日忙碌操勞，無非是為了這一目的，並將離苦之道寄託於事業成功、出人頭地之上。但名利雙收後，痛苦卻依然存在，甚至越來越多。究其原因，正是因為不曾找到痛苦之源，採取的方法也如揚湯止沸，雖奔忙一生，卻不能從根本上解決問題。或許有人會說，在今天這個物質世界，很多人活得躊躇滿志，難道他們的生活也痛苦嗎？其實，那只是在物質享樂和聲色刺激中，對苦的感受變得遲鈍了。要知道，煩惱和痛苦絕不會因為被忽略、掩蓋而消失，一旦爆發，還會因醞釀已久而更具殺傷力。

輪迴的本質是痛苦的。只要內心製造煩惱的根源不曾消除，不論我們如何努力，即使貴為帝王，身家億萬，一樣走不出煩惱的循環。佛法指出，造成生命痛苦的根源是我們內在的無明和煩惱。四諦法門不僅告訴我們人生真相，也提供了究竟解決痛苦的正確方法。

佛陀最初在菩提樹下悟道時，發現他所領悟的真理和世人以為的事實天地懸隔，擔心即使說出也無人領悟，決定即刻入滅。此時，大梵天王降臨人間，祈請佛陀宣說法要。佛陀因其一再祈請，才開始說法度眾，此為請轉法輪。請法，也是表示對法的尊重。凡是太容易得到的，人們往往不加珍惜。反之，經過反覆請求和艱難困苦得到的，反而更容易認識到它的價值。如果我們沒有請法的誠意，很可能對得到的無上法寶不以為然，這將成為修學的重大障礙。求和請，並非說法者的需要，而是我們自己要培養對法的尊重之心。孔子「朝聞道，夕死可矣」的心聲，二祖「斷臂求法」的壯舉，無不體現了對法的恭敬和尊重。有了這一前提，我們才能自覺地依教奉行。否則的話，即使學了很多法義，也難以在心行上真正產生作用。

另一方面，因為請轉法輪，佛法才能流傳世間並利益更多的人。不然，我們也無緣聽聞如此甚深微妙的智慧。在不斷求法、請法的過程中，我們會不斷地憶念法。因為凡夫心是和五欲塵勞相應的，若非特別提起正念，通常是糾纏於財色名食睡中。所以要通過不斷請法，使心融入法中。念佛，就和佛相應；念法，就和法相應；念僧，就和僧相應；念戒，就和戒相應。心中憶念什麼，最終將成就什麼。這也是念法、求法的深意所在。

「所有盡法界虛空界，十方三世一切佛剎極微塵中，一一各有不可說不可說佛剎極微塵數廣大佛剎。一一剎中，念念有不可說不可說佛剎極微塵數一切諸佛成等正覺，一切菩薩海會圍繞。」《行願品》的特點在於，修習每一願，都將之拓展為最宏偉的願望，這就必須將心量擴大至無限。根據佛教的時空觀，宇宙中有無量無邊的世界。如《阿彌陀經》云：「從是西方過十萬億佛土，有世界名曰極樂。」一個佛土，就是一個三千大千世界，是一位佛陀教化的區域。太陽系相當於一個小世界，一千小世界為中千世界，一千中千世界為大千世界。三千大千世界，即因其中有三個千的倍數而得名。不說其他佛土，僅極樂世界便有十萬億佛土之遙，整個宇宙之浩瀚無盡，更是難以想像。

我們應觀想無量佛土中，有無量諸佛正在成就佛道：有的剛出生，有的在成長，有的才出家，有的於菩提樹下證道，有的已覺悟成佛。每位佛陀悟道後，我們也像大梵天王那樣，祈請他們不要入滅，常轉法輪，廣度眾生。我們不僅對佛菩薩如此祈請，對人間一切善知識也應視為諸佛一般，祈請他們長久住世，弘法利生。比如「視師如佛」，本身就是善巧的修行方式。事實上，上師是否與佛功德同等並不重要。重要的是，當我們真正視師如佛時，當下會生起極度的神聖感，內心也能因此得到淨化。就像我們帶著神聖感來到寺院時，紛擾的心很容易安定下來，感到寧靜祥和。反之，如果我們覺得師長和自己不相上下，除增長慢心外，對個人修學沒有絲毫幫助。看不到他人長處的人，必定會走向故步自封的絕路。當然，依止善知識也不能盲目輕率。選擇師長前需要審慎考察，確定其符合善知識的各項標準，再如法依止。

「而我悉以身口意業種種方便，殷勤勸請轉妙法輪。」我們應以清淨的身語意三業祈請佛陀說法。觀想要領在於，佛陀是無所不在的，請法的我也是無所不在的。在盡虛空、遍法界的諸佛菩薩前，有無數的我在祈請；每一個我，又在祈請無量諸佛菩薩。在這一觀想過程中，身心應毫無保留地融入佛陀宣說的法義中，融入空性中。

「如是虛空界盡，眾生界盡，眾生業盡，眾生煩惱盡，我常勸請一切諸佛轉正法輪，無有窮盡。念念相續，無有間斷，身語意業，無有疲厭。」我們對佛菩薩的祈請不是一天、兩天，而是盡未來際，永不停息。

第七大願：請佛住世

復次善男子，言請佛住世者，所有盡法界虛空界，十方三世一切佛剎極微塵數諸佛如來，將欲示現般涅槃者，及諸菩薩、聲聞、緣覺、有學、無學，乃至一切諸善知識，我悉勸請莫入涅槃。經於一切佛剎極微塵數劫，為欲利樂一切眾生。如是虛空界盡，眾生界盡，眾生業盡，眾生煩惱盡，我此勸請無有窮盡。念念相續，無有間斷；身語意業，無有疲厭。

佛法之所以能在世間流傳，是因為有佛出現於世。雖然佛陀親證的真理並非自創，而是本然如是的，但如果沒有佛陀說法，我們就無從了解，更不能依法解脫。就像每個人都具備與佛無別的智慧德相，卻因不識本來面目，佛性雖有若無，只能流轉生死。正因為佛陀出世說法，我們才有機緣認識生命真相，找到究竟解脫之道。在這個世間，還有很多邪教流行，給世界製造了種種不安定因素。即使有心向道的學佛者，如果沒有善知識的引導，沒有分辨是非的能力，也會正邪不辨，乃至走上歧途。

學習簡單的世間技術，也要拜師學藝，何況學佛是斷煩惱、開智慧的頭等大事。唯有如法依止善知識，法身慧命才有可靠的依託。所以說，請佛住世這一大願，不論對我們的個人修行，還是對這個世界的眾生，都具有重大意義。

從另外的角度說，每個人本來具備諸佛一樣的品質。佛性，即覺悟之義。眾生和佛的區別何在？《六祖壇經》云：「前念迷即眾生，後念悟即佛。前念著境即煩惱，後念離境即菩提。」佛和眾生的差別，只在於迷悟之間。若能當下念念不迷，也是在請佛住世。反之，若迷失於五欲六塵和貪嗔痴三毒，便是諸佛入滅。所以，請佛住世也可從個人修行中得到體現。

同時，我們還可以通過弘揚佛法來啟發人們的覺性。眾生都具有佛菩薩一般的品質，只因不了解自身本具的佛性，背覺合塵，心逐塵境，須以智慧引導他們，讓他們認識到自身寶藏，點亮心燈，返照自性。如果我們以這樣的發心和認知來弘揚佛法，同樣屬於請佛住世的方式。

那麼，普賢菩薩在《行願品》中又是如何開示的呢？

「所有盡法界虛空界，十方三世一切佛剎極微塵數諸佛如來，將欲示現般涅槃者，及諸菩薩、聲聞、緣覺、有學、無學，乃至一切諸善知識，我悉勸請莫入涅槃。」娑婆世界的教主釋迦牟尼佛已經入滅，但我們要觀想宇宙中還有無量無邊的世界，其中又有無量佛陀正在出世、修行、證道，或與其所化佛土因緣將盡而示現涅槃。當他們將入涅槃時，我們應以至誠懇切的心，祈請諸佛慈悲住世，莫入滅度。此外，我們還要殷勤勸請各位菩薩、聲聞、緣覺、有學、無學乃至一切善知識長久住世。如果他們入滅離世，眾生將失去依怙。這一大願既可作為觀修，也可作為實際的修持。當現實中的大善知識塵緣將盡時，我們不僅要勸請他們為憐憫、利益眾生而住世，還應不斷誦經、放生，以種種功德迴向，使他們久住世間。

「經於一切佛剎極微塵數劫，為欲利樂一切眾生。如是虛空界盡，眾生界盡，眾生業盡，眾生煩惱盡，我此勸請無有窮盡。念念相續，無有間斷；身語意業，無有疲厭。」請佛住世是沒有時間期限的，應當作為我們盡未來際的事業。這一修行既可通過觀修完成，也可通過自身念念覺而不迷來進行，還可以通過弘法來啟發眾生的本覺智慧。我們不是為了成佛而行菩薩道，是為了更圓滿地行持菩薩道而成佛。所以說，修習菩薩道是我們永無止境的事業。

第八大願：常隨佛學

復次善男子，言常隨佛學者，如此娑婆世界毗盧遮那如來，從初發心，精進不退，以不可說不可說身命而為布施。剝皮為紙，析骨為筆，刺血為墨，書寫經典，積如須彌。為重法故，不惜身命，何況王位、城邑、聚落、宮殿、園林，一切所有，及餘種種難行苦行。乃至樹下成大菩提，示種種神通，起種種變化，現種種佛身，處種種眾會。或處一切諸大菩薩眾會道場，或處聲聞及辟支佛眾會道場，或處轉輪聖王、小王眷屬眾會道場，或處剎利及婆羅門、長者、居士眾會道場，乃至或處天龍八部、人非人等眾會道場。處於如是種種眾會，以圓滿音，如大雷震，隨其樂欲，成熟眾生，乃至示現入於涅槃。如是一切，我皆隨學。如今世尊毗盧遮那，如是盡法界虛空界，十方三世一切佛剎所有塵中一切如來，皆亦如是。於念念中，我皆隨學。如是虛空界盡，眾生界盡，眾生業盡，眾生煩惱盡，我此隨學無有窮盡。念念相續，無有間斷；身語意業，無有疲厭。

常，是恆常；隨，是追隨。現代學者往往將「佛學」當作學術研究，此處所說的「常隨佛學」，則是向佛陀學習，以佛菩薩因地的修行為榜樣，不斷向這一目標靠攏，直至最終成就。學佛有兩種方式，一是依法學習，佛陀說法四十五年，開示八萬四千法門，我們可在其中選擇適合自己的法門，並以佛陀開示的正見作為修行指南。

一方面是直接向佛菩薩學習，以阿彌陀佛、觀音菩薩乃至十方三世一切佛菩薩因地的願力和法門作為修學榜樣。《楞嚴經》二十五圓通，論述了二十五位菩薩及大阿羅漢的修行過程，於六塵、六根、六識、七大各各不同之悟入處。如觀音菩薩耳根圓通章，敘述了觀音菩薩從耳根開始修行，並圓照三昧、成就菩提的經驗。我們也可按照這些法門，沿著佛菩薩走過的修行之路前行。所以說，學佛不僅僅是求佛菩薩保佑，更要落實在實踐中。「廣修供養」中說過，「諸供養中，法供養最」。之所以將法供養列於首位，因為依法修行才能證悟覺性，成就佛果。

「如此娑婆世界毗盧遮那如來，從初發心，精進不退，以不可說不可說身命而為布施。剝皮為紙，析骨為筆，刺血為墨，書寫經典，積如須彌。為重法故，不惜身命，何況王位、城邑、聚落、宮殿、園林，一切所有，及餘種種難行苦行。」這段是介紹佛陀在因地的修行經歷。娑婆，為堪忍義。在我們這個五濁惡世，煩惱眾多，痛苦重重，生於此間需有極大的忍耐力，否則便會痛苦不堪。娑婆世界為釋迦牟尼佛教化的區域，而毗盧遮那如來則是釋迦佛的法身。佛陀有三身，分別是清淨法身毗盧遮那如來、圓滿報身盧舍那佛、千百億化身釋迦牟尼佛。佛陀從最初發心開始，為追求真理和智慧，精進不退。在無盡生命中，不僅數數為法捨身，還曾將自己的皮膚鋪為紙，將骨骼折作筆，將鮮血當作墨，以此書寫經典，流傳世間。佛陀在因地所寫的血經堆積如山，高如須彌。為表示對法的尊重，生命尚不足惜，何況權勢、財物等身外之物。類似的事蹟在中國佛教史上屢見不鮮。在古代，得到一本佛經極為不易，需要一字一句地抄寫。還有許多大德刺血寫經，體現了捨身求道的大無畏精神。此外，歷代高僧還為學法、弘法譜寫了許多感人的篇章。如玄奘為到西域求法歷盡艱辛，鑑真為向日本傳法六次東渡，慧可為向達摩問道斷臂求法等等，他們不愧是佛法真正的踐行者。

「乃至樹下成大菩提，示種種神通，起種種變化，現種種佛身，處種種眾會。」正因為修習眾多難行苦行，佛陀才能在菩提樹下夜睹明星，見性成佛。佛陀的神通主要是六種，分別是天眼通、天耳通、他心通、宿命通、神足通、漏盡通。至於身相的變化，則根據眾生的不同身分而示現。如觀音菩薩的三十二應，便是世人最為熟悉的佛教典故之一。佛陀成道以後，為更好地度化眾生，以神通變化各種身相：應於何身得度者，即現何身而為說法。同時，還在人間、天上乃至海中等不同場所宣說法要。

「或處一切諸大菩薩眾會道場，或處聲聞及辟支佛眾會道場，或處轉輪聖王、小王眷屬眾會道場，或處剎利及婆羅門、長者、居士眾會道場，乃至或處天龍八部、人非人等眾會道場。」佛陀因機設教，應眾生的不同根機善巧開示。有時到大菩薩們所在的場所說法；有時在聲聞、辟支佛所在的場所說法；有時在國王聚會的場所說法；有時到執政者、婆羅門、商人聚會的場所說法；甚至到天、龍、夜叉、乾闥婆、阿修羅、迦樓羅、緊那羅、摩睺羅伽、人非人等聚集的場所說法。

「處於如是種種眾會，以圓滿音，如大雷震，隨其樂欲，成熟眾生，乃至示現入於涅槃。如是一切，我皆隨學。」在不同場所，佛陀又會根據眾生的需求和喜好，以最圓滿的音聲宣說種種教法，以無量的智慧和方便善巧傳播甚深法義，如隆隆雷聲喚醒眾生的無明迷夢。直到在世間的化緣已盡，才入般涅槃。無論佛陀在因地求法的精神，還是為眾生慈悲說法的精神，都是我們要盡未來際努力學習的。

「如今世尊毗盧遮那，如是盡法界虛空界，十方三世一切佛剎所有塵中一切如來，皆亦如是。

於念念中，我皆隨學。」本品主要介紹了釋迦牟尼佛求法和弘法的經歷，為求法不畏艱難，為弘法不知疲倦。釋迦牟尼是這樣做的，十方三世諸佛也是這樣做的。我們既要向釋迦牟尼佛學習，也要向一切諸佛學習。或是學習阿彌陀佛的四十八大願，或是學習藥師琉璃光如來的十二大願，或是學習地藏菩薩「地獄不空，誓不成佛，眾生度盡，方證菩提」的宏願，或是學習觀音菩薩「大慈大悲、尋聲救苦」的精神，或是學習本品介紹的普賢菩薩的十大行願。

在修學過程中，我們可以仿效一位和自己有緣的菩薩。如文殊菩薩代表智慧，觀音菩薩代表大悲，地藏菩薩代表大願，普賢菩薩代表大行……每個人都可選擇其中一位作為榜樣，將他們的願力轉化為自己的願力，以他們的品行調整自己的品行。若以觀音菩薩為榜樣，就應充分了解觀音菩薩的品質和功德，作為糾正凡夫習氣的參照。修習達到一定程度後，可將自己觀想為觀音菩薩，修本尊法就是基於這一原理。觀音菩薩曾是普通的凡夫，阿彌陀佛曾是平凡的眾生，釋迦牟尼佛在因地也曾和我們一樣，只因為他們發廣大心，修殊勝行，才能成就無上佛果。所以說，只要我們像佛菩薩那樣發心並勇於承擔，將來也能和十方諸佛一樣修行成就。

「如是虛空界盡，眾生界盡，眾生業盡，眾生煩惱盡，我此隨學無有窮盡。念念相續，無有間斷；身語意業，無有疲厭。」常隨佛學，是盡未來際向諸佛學習，無論斗轉星移，滄海桑田，始終精進不退。學佛，關鍵在於行佛所行，而不僅是祈求佛菩薩的加持和保佑。唯有將佛法落實到心行改造，才是名副其實的學佛。

第九大願：恆順眾生

復次善男子，言恆順眾生者，謂盡法界虛空界，十方剎海所有眾生，種種差別。所謂卵生、胎生、濕生、化生，或有依於地水火風而生住者，或有依空及諸卉木而生住者。種種生類，種種色身，種種形狀，種種相貌，種種壽量，種種族類，種種名號，種種心性，種種知見，種種欲樂，種種意行，種種威儀，種種衣服，種種飲食，處於種種村營、聚落、城邑、宮殿。乃至一切天龍八部、人非人等。無足、二足、四足、多足，有色、無色、有想、無想、非有想非無想，如是等類。我皆於彼隨順而轉，種種承事，種種供養，如敬父母，如奉師長及阿羅漢，乃至如來，等無有異。於諸病苦，為作良醫；於失道者，示其正路；於暗夜中，為作光明；於貧窮者，令得伏藏。菩薩如是平等饒益一切眾生，何以故？菩薩若能隨順眾生，則為隨順供養諸佛。若於眾生尊重承事，則為尊重承事如來。若令眾生生歡喜者，則令一切如來歡喜。何以故？諸佛如來以大悲心而為體故，因於眾生而起大悲，因於大悲生菩提心，因菩提心成等正覺。譬如曠野沙磧之中有大樹王，若根得水，枝葉華果悉皆繁茂。生死曠野，菩提樹王亦復如是。一切眾生而為樹根，諸佛菩薩而為華果，以大悲水饒益眾生，則能成就諸佛菩薩智慧華果。何以故？若諸菩薩以大悲水饒益眾生，則能成就阿耨多羅三藐三菩提故。是故菩提屬於眾生，若無眾生，一切菩薩終不能成無上正覺。善男子，汝於此義，應如是解。以於眾生心平等故，則能成就圓滿大悲。以大悲心隨眾生故，則能成就供養如來。菩薩如是隨順眾生，虛空界盡，眾生界盡，眾生業盡，眾生煩惱盡，我此隨順無有窮盡。念念相續，無有間斷；身語意業，無有疲厭。

《行願品》的核心為上求佛道，下化眾生，這也是本品的兩大內容。前者以佛果功德為所緣，包括禮敬諸佛、稱讚如來、廣修供養、懺悔業障、隨喜功德、請轉法輪、請佛住世八大願王，引導我們將心念念融入大覺海中。後者以利益一切眾生為所緣，菩提心乃利益眾生之心，恆順眾生便切實體現了這一內涵。但要明確，這種順從是有原則的，並非一味遷就。我們發心利益眾生，便應該做對眾生真正有利的事。眾生為無明所惑，其需要往往伴隨貪嗔痴煩惱。如果沒有智慧加以分辨，所謂的隨順可能只是在滿足眾生的貪嗔痴，對他們非但沒有真實利益，甚至會埋下隱患。所以恆順眾生應以智慧為前提，確定我們的行為能否真正利益眾生。

《行願品》是類比成佛的修行，通過對佛菩薩品質的觀修，將心行調整到這一層面。佛菩薩的品質由無限的智慧和慈悲構成，其中，慈悲必須通過利他才能成就。沒有眾生，我們去慈悲誰呢？所以說，離開眾生的話，我們永遠無法成佛。當然，不是要將所有眾生救度完之後，功德才能圓滿。因為度眾生也要有因緣，對於無緣眾生，佛陀亦無能為力。因此，只要能對一切眾生具足平等、無限的悲心，就是圓滿的大慈大悲。在佛菩薩心目中，一切眾生都是平等無別的。若有好惡之分，只能說明其心行仍滯留於凡夫境界。哪怕還有一個眾生是他討厭或不願救度的，就不是圓滿的慈悲。從這個意義上說，考察修行境界如何，唯有通過對內心的審視才能判斷：我們有什麼心態，就代表修行達到什麼程度。

菩薩道的修行特點在於，起心動念都想著利益眾生。《行願品》第九大願，便是對如何利益眾生的具體指導。

「言恆順眾生者。」恆，是恆常；順，是隨順。原則在於，隨順眾生的善心和善行，而不是無條件地隨順。否則，隨順眾生的種種惡習和非法要求，豈不是和他們一同墮落嗎？所以，唯有能為眾生帶來長久利益而無負面影響的事才能隨順，對眾生沒有利益，或只有暫時利益，且對未來有負面影響的行為則不能隨順。那麼，佛菩薩究竟要隨順哪些眾生呢？

「謂盡法界虛空界，十方剎海所有眾生，種種差別。」佛菩薩的隨順，是以一切眾生為對象，也就是本品再再提到的，盡法界、虛空界的所有眾生。因為佛菩薩的發心是無限的，故能圓滿無量功德。相反，凡夫的發心是有限的，成就的功德也極為有限。如何將有限的功德轉化為無限？關鍵在於心的拓展，所以做每件事都要發心為利益眾生而做。我們來此聽經，也要發心為利益眾生成就佛道而聞法。當我們遇到順境時，希望以此因緣更好地利益眾生；當我們遭遇逆境時，希望藉由自身磨難，承擔其他眾生的苦難。如果我們時時這樣發心，就是在不斷接近佛菩薩的心行。

「所謂卵生、胎生、濕生、化生。」這是眾生的不同受生形式。卵生，如雞、鴨等通過孵卵而生；胎生，如人類、牛羊等通過胎藏而出；濕生，如水中受生的眾生，假潤而生；化生，如地獄眾生。

「或有依於地水火風而生住者，或有依空及諸卉木而生住者。」這是指眾生生存的不同處所。有些眾生在地上生存，有些眾生在水中生存，有些眾生在火中生存，有些眾生在風中生存，有些眾生在虛空生存，有些眾生依附於草木生存……因為業力不同，其生存處所也是千差萬別。

「種種生類，種種色身，種種形狀，種種相貌，種種壽量。」這是指有情的種種差別。芸芸眾生，無奇不有。出生的方式不同，色身的狀態不同，顯現的形狀不同，具有的相貌不同，存活的壽命也不同。《莊子》云，「朝菌不知晦朔，蟪蛄不知春秋，此小年也。楚之南有冥靈者，以五百歲為春，五百歲為秋；上古有大椿者，以八千歲為春，八千歲為秋。」其間相差何止千萬倍，足見業力之不可思議。

「種種族類，種種名號，種種心性，種種知見，種種欲樂，種種意行。」眾生有不同種族，如白種人、黑種人、黃種人等，其中又分漢族、藏族、滿族等不同民族。此外，還有張三、李四等各種姓名，更有不同的心理狀態及認識、觀念、欲望、喜好、人生願望等。

「種種威儀，種種衣服，種種飲食，處於種種村營、聚落、城邑、宮殿。」眾生的行為方式、舉止威儀不同，所穿服飾不同（即使動物也有不同的皮毛），所吃食物不同，居住環境不同。雖然眾生形形色色，但都是佛菩薩慈悲和利益的對象，其中沒有佛教徒和異教徒之別，甚至沒有人和動物之分。在佛菩薩心目中，一切有情都是平等無別的。行菩薩道，應對所有眾生一視同仁。為什麼我們不能以平等心看待眾生？因為我們還是凡夫，而凡夫心的特點是充滿人我是非。佛菩薩具有的平等，是建立在無限的慈悲之上。只有將內在的慈悲品質完全啟動起來，我們才能像佛菩薩那樣，對眾生常懷悲憫，平等視之，有如獨子。正因為我們現在還做不到，所以需要每天訓練。從知母、念恩開始，觀想一切眾生在無盡輪迴中都做過我們的生身母親，由此生起報恩心，然後將這份心不斷強化，進而引發慈心、悲心、增上心和菩提心。

「乃至一切天龍八部、人非人等。無足、二足、四足、多足，有色、無色，有想、無想、非有想非無想，如是等類。」所謂天龍八部，即天、龍、夜叉、乾闥婆、阿修羅、迦樓羅、緊那羅、摩睺羅伽。所謂人非人等，人即人類，非人即人類之外的其他眾生，如餓鬼等冥眾。有些眾生是無足的，如蛇、蚯蚓等爬行動物；有些是二足的，如人等；有些是多足的，如蜈蚣。有想，即有思想的眾生；

無想，即想心昏迷，無所覺了的眾生；非有想非無想，粗想已去除，仍有非常微細之想，如色界天眾生。生命的種類無量無邊，對於所有眾生，我們都要生起慈悲和平等之心。

「我皆於彼隨順而轉，種種承事，種種供養，如敬父母，如奉師長及阿羅漢，乃至如來，等無有異。」眾生做種種對自己有益的事，我們要盡力隨順，以各種方法侍奉、供養他們，將他們當作自己的父母師長般恭敬，甚至當作阿羅漢和諸佛菩薩般敬重。若我們對眾生生起這樣的關愛，內心就能得到淨化。反之，對眾生的不平等和虛妄分別，則是因為我們有不清淨的心。分別此人好，那人不好，此人和我有關，那人和我無關，平添許多煩惱。尤其是中國社會，人際關係非常複雜，要耗費許多心力在妄想中糾纏。放下這些妄想分別，將一切眾生視為佛菩薩，所有問題就迎刃而解了。

「於諸病苦，為作良醫。」我們又該為眾生做些什麼呢？眾生有身病和心病，當眾生身患病苦時，我們要像醫生那樣為他們治病。

「於失道者，示其正路。」當他們迷失方向，偏離正道或墮落邪道時，我們要以佛法開導他們，指明正確的前進方向。

「於暗夜中，為作光明。」此處的暗夜，非指晝夜之夜，而是指眾生因無明所惑，處於生命暗夜中，不知生從何來，死往何去。人人最關心的就是自己，卻不知何者為「我」；人人都想一生幸福快樂，卻不知人生意義為何，多數都是茫茫然來世間走一遭。作為菩薩道行者，應該發心以佛法啟迪他們的智慧，點亮他們的心燈，使他們早日脫離輪迴，走向光明的解脫之道。

「於貧窮者，令得伏藏。」貧窮包括物質和精神兩方面。對於物質貧窮的人，我們應給予經濟幫助；而對於精神貧窮的人，我們要使其聽聞佛法，幫助他們止惡行善，積累功德法財。

「菩薩如是平等饒益一切眾生，何以故？菩薩若能隨順眾生，則為隨順供養諸佛。若於眾生尊重承事，則為尊重承事如來。若令眾生生歡喜者，則令一切如來歡喜。」菩薩對一切眾生都要生起無限慈悲，並通過各種方式給予幫助。這樣做的意義是什麼？一般人以為，供佛、念佛、令諸佛歡喜就是修行的全部。事實上，佛菩薩出現於世，正是為了度化眾生。如果我們利益眾生，就是在做佛菩薩所做的事，才能真正令諸佛歡喜。隨順眾生，是對諸佛最好的供養；對眾生尊重承事，就是尊重承事如來；令眾生歡喜，就是令一切如來歡喜。對於佛法修行而言，眾生甚至比佛菩薩更重要，因為他們更需要我們的幫助。而佛菩薩只是佛弟子的修學典範，對於他們來說，完全不需要我們為他們做些什麼。我們對諸佛菩薩的恭敬、供養，最終都是在成就自身修行，而非佛菩薩所需。

「何以故？諸佛如來以大悲心而為體故。」這也是告訴我們眾生對於修行的重要性。諸佛的品質是大慈大悲，但這一品質並非與生俱來，而是在對眾生的無盡慈悲中形成。離開眾生，悲心也無法成就。事實上，每個人都有慈悲的心行基礎，即悲憫心。但一般人的悲憫心很小，尤其是現代人，大多冷漠且缺乏同情心，相關事例不僅媒體報導時常可見，生活中也比比皆是。這一點，正是學佛路上的重大障礙。修行，必須徹底克服自私的小我，通過各種方便及外在因緣，不斷培育生命內在的優良品質。

「因於眾生而起大悲，因於大悲生菩提心，因菩提心成等正覺。」以悲憫心為基礎，才能引發菩提心，最終圓滿佛陀的大慈大悲。因為菩提心是大乘的不共教法，是成佛的不共因。

「譬如曠野沙磧之中有大樹王，若根得水，枝葉華果悉皆繁茂。」這一比喻充分說明，在修學菩薩道的過程中，眾生和我們的關係多麼重要。就像沙漠中有棵參天巨樹，如果它的根系得到灌溉，才會枝繁葉茂，果實纍纍。

「生死曠野，菩提樹王亦復如是。一切眾生而為樹根，諸佛菩薩而為華果，以大悲水饒益眾生，則能成就諸佛菩薩智慧華果。何以故？若諸菩薩以大悲水饒益眾生，則能成就阿耨多羅三藐三菩提故。」在無盡的生死曠野之中，我們想要成就無上菩提，也應像這棵巨樹那樣，確保根部得到澆灌。對於修行來說，一切眾生好比樹根，諸佛菩薩好比果實。不斷以大悲水滋養眾生，才能結出無上菩提的纍纍花果。如果菩薩能對一切眾生充滿無限慈悲，時時心繫眾生，就能圓滿無上佛果。

「是故菩提屬於眾生，若無眾生，一切菩薩終不能成無上正覺。」這是極為重要的總結，希望大家引起高度重視。菩提從何而來？正是由眾生而成就。如果沒有眾生作為修行所緣，一切菩薩都無法圓滿佛果，成就正覺。

「善男子，汝於此義，應如是解。以於眾生心平等故，則能成就圓滿大悲。以大悲心隨眾生故，則能成就供養如來。」對於修學菩薩道的大乘行者來說，必須了解利益眾生在修行中的重要性。只有對眾生平等看待，等無有異，才能圓滿佛菩薩的大慈大悲。如果缺乏平等心，必定還是凡夫有限、有所得的小慈小悲，而非佛菩薩的「無緣大慈，同體大悲」。以大悲心和廣大行隨順眾生，正是對如來的無上供養。這一點也充分說明，大乘修行是非常積極而非消極遁世的。

「菩薩如是隨順眾生，虛空界盡，眾生界盡，眾生業盡，眾生煩惱盡，我此隨順無有窮盡。念念相續，無有間斷；身語意業，無有疲厭。」菩薩對眾生的隨順，不是短時間的。一個人做一件好事並不難，難的是一輩子做好事。對於發心修學菩薩道的人來說，不僅要一輩子做好事，還要盡未來際、永不間斷地行善積德。即使虛空會有盡頭，利益眾生的事業和願望卻不會窮盡，所謂「虛空有盡，我願無窮」。從這個意義而言，修行的根本目標是利益眾生而非成佛，因為成佛也是為了更好、更徹底地度化眾生。如果為了「我要成佛」而利他，說明還有我執在，那麼佛果一定無法圓滿。

第十大願：普皆迴向

復次善男子，言普皆迴向者，從初禮拜，乃至隨順，所有功德皆悉迴向盡法界虛空界一切眾生。願令眾生常得安樂，無諸病苦。欲行惡法，皆悉不成。所修善業，皆速成就。關閉一切諸惡趣門，開示人天涅槃正路。若諸眾生因其積集諸惡業故，所感一切極重苦果，我皆代受。令彼眾生悉得解脫，究竟成就無上菩提。菩薩如是所修迴向，虛空界盡，眾生界盡，眾生業盡，眾生煩惱盡，我此迴向無有窮盡。念念相續，無有間斷；身語意業，無有疲厭。

我們每做一件事或修行之後都要迴向，並有不同的內容。如放生的迴向偈，是「放生功德殊勝行，無邊勝福皆迴向，普願沉溺諸眾生，速往無量光佛剎」。修習淨土法門的人，多以「願生西方淨土中，九品蓮花為父母，花開見佛悟無生，不退菩薩為伴侶」作為迴向。

所謂迴向，是將所修功德指向一個目標。比如我們為達到某個目標而賺錢，迴向就是將每筆錢存儲到指定的帳號。如果賺錢很多卻隨手花掉，想用時就囊中羞澀了，最終一事無成。同樣，修行功德也需要有一個明確的目標，或迴向人天善果，或迴向往生西方等。最高的迴向，是將功德迴向一切眾生。或許有人會說：我花了這麼多錢和精力做好事，若迴向給一切眾生，豈不是很虧？更何況，其中有些眾生是我們討厭的，如何甘願讓他們也分得一杯羹呢？

但要知道，我們也是眾生之一，當我們發願將功德迴向一切眾生時，並不會因為迴向眾生而一無所獲。正相反，由於我們的發心無限，所獲功德將百千倍、億萬倍地增長，絕非狹隘的發心所能比擬。

我們每天講經最後所念的迴向偈是：「願以此功德，普及於一切，我等與眾生，皆共成佛道。」也就是說，希望我們講經和聞法的功德，使一切眾生獲得法益；希望我們與一切眾生能於菩提道早日成就，究竟解脫輪迴之苦。這種迴向，就屬於最高、最廣大的迴向。那麼，《行願品》又是如何迴向的呢？

「言普皆迴向者，從初禮拜，乃至隨順，所有功德皆悉迴向盡法界虛空界一切眾生。」《行願品》的迴向，乃普皆迴向，將修行功德如甘霖般遍灑人間。從本品最初的「禮敬諸佛」到第九願的「隨順眾生」，每修完一種之後，都應該將修行功德迴向盡虛空、遍法界的所有眾生。其核心在於，將一切功德迴向一切有情。迴向的心有多大，最後成就的功德就有多大。如果我們只希望將功德迴向給自己或親人，如此狹隘的心又裝得下多少功德呢？一個茶杯，只能裝一杯水。同樣的道理，如果我們的心狹隘，成就也必定狹隘。所以，必須徹底打破我執的界限。心本如虛空般浩瀚遼闊，無形無相。只因我法二執的繫縛，才被局限於有限的家庭或事業中。修行，正是要去除一切人為設定的界限，使心回歸清淨無染的本然狀態。

「願令眾生常得安樂，無諸病苦。欲行惡法，皆悉不成。所修善業，皆速成就。」我們發願將一切功德迴向眾生，又該如何祝福他們呢？我們要祝願眾生永遠安詳、快樂，遠離色身病苦和心靈痛苦。此外，我們還祈願所有準備作惡的眾生無法如願；祝願所有準備行善的眾生心想事成。

「關閉一切諸惡趣門，開示人天涅槃正路。」惡趣，即地獄、餓鬼、畜生三惡道。希望惡道之門早日關閉，所有眾生都能生於人天善道，通過修行證悟涅槃、斷除煩惱、成就佛果。

「若諸眾生因其積集諸惡業故，所感一切極重苦果，我皆代受。令彼眾生悉得解脫，究竟成就無上菩提。」如果眾生因造作惡業將遭受極大痛苦，我們發願代其承擔這份苦果。更進一步，願為天下眾生承擔所有痛苦。祝願他們早日離苦得樂，解脫生死，成就無上菩提。

「菩薩如是所修迴向，虛空界盡，眾生界盡，眾生業盡，眾生煩惱盡，我此迴向無有窮盡。念念相續，無有間斷；身語意業，無有疲厭。」菩薩每做一件好事，哪怕是微小善行，都應如此迴向，這種迴向是永不間斷的。當我們如此迴向時，等於將一滴水投入大海中，和大海融為一體，獲得恆久的力量。

總之，發心無限，所得無限；發心有限，所得亦有限。

結說：修學利益

善男子，是為菩薩摩訶薩十種大願，具足圓滿。若諸菩薩於此大願隨順趣入，則能成熟一切眾生，則能隨順阿耨多羅三藐三菩提，則能成滿普賢菩薩諸行願海。是故善男子，汝於此義，應如是知。若有善男子、善女人，以滿十方無量無邊、不可說不可說、佛剎極微塵數一切世界上妙七寶，及諸人天最勝安樂，布施爾所一切世界所有眾生，供養爾所一切世界諸佛菩薩，經爾所佛剎極微塵數劫，相續不斷，所得功德。若復有人聞此願王，一經於耳，所有功德，比前功德百分不及一，千分不及一，乃至優波尼沙陀分亦不及一。或復有人，以深信心，於此大願受持讀誦，乃至書寫一四句偈，速能除滅五無間業。所有世間身心等病，種種苦惱，乃至佛剎極微塵數一切惡業，皆得消除。一切魔軍、夜叉、羅剎、若鳩槃荼、若毗舍闍、若部多等，飲血啖肉諸惡鬼神，皆悉遠離。或時發心親近守護。是故若人誦此願者，行於世間，無有障礙。如空中月，出於雲翳。諸佛菩薩之所稱讚，一切人天皆應禮敬，一切眾生悉應供養。此善男子善得人身，圓滿普賢所有功德。不久當如普賢菩薩，速得成就微妙色身，具三十二大丈夫相。若生人天，所在之處，常居勝族。悉能破壞一切惡趣，悉能遠離一切惡友，悉能制伏一切外道，悉能解脫一切煩惱，如獅子王摧伏群獸，堪受一切眾生供養。

又復是人臨命終時，最後剎那，一切諸根悉皆散壞，一切親屬悉皆捨離，一切威勢悉皆退失。輔相大臣、宮城內外、象馬車乘、珍寶伏藏，如是一切無復相隨。唯此願王不相捨離，於一切時引導其前，一剎那中，即得往生極樂世界。到已即見阿彌陀佛、文殊師利菩薩、普賢菩薩、觀自在菩薩、彌勒菩薩等。此諸菩薩色相端嚴，功德具足，所共圍繞。其人自見生蓮華中，蒙佛授記。得授記已，經於無數百千萬億那由他劫，普於十方不可說不可說世界，以智慧力，隨眾生心而為利益。不久當坐菩提道場，降伏魔軍，成等正覺，轉妙法輪。能令佛剎極微塵數世界眾生，發菩提心。隨其根性，教化成熟，乃至盡於未來劫海，廣能利益一切眾生。

善男子，彼諸眾生若聞若信此大願王，受持讀誦，廣為人說。所有功德，除佛世尊，餘無知者。是故汝等聞此願王，莫生疑念，應當諦受。受已能讀，讀已能誦，誦已能持，乃至書寫，廣為人說。是諸人等，於一念中，所有行願皆得成就，所獲福聚無量無邊。能於煩惱大苦海中，拔濟眾生，令其出離，皆得往生阿彌陀佛極樂世界。

這段經文介紹了修學《行願品》的功德，主要包括八個部分。

1．總說

「善男子，是為菩薩摩訶薩十種大願，具足圓滿。若諸菩薩於此大願隨順趣入，則能成熟一切眾生，則能隨順阿耨多羅三藐三菩提，則能成滿普賢菩薩諸行願海。是故善男子，汝於此義，應如是知。」

《行願品》對普賢菩薩的十大願王作了詳盡闡述，其境界廣闊無邊。那麼，這十種願力能使我們得到什麼利益？本段是總說《行願品》的功德：若菩薩能按本品闡述的方法觀修，即能成就並利益一切眾生，因其發心所緣為一切眾生，是和無上佛果相應的。如果我們也能像普賢菩薩那樣，發廣大願，行殊勝行，就是普賢菩薩的化身了，因為他的願力已在我們內心和行動中得到落實。

2．校量功德

「若有善男子、善女人，以滿十方無量無邊、不可說不可說、佛剎極微塵數一切世界上妙七寶，及諸人天最勝安樂，布施爾所一切世界所有眾生，供養爾所一切世界諸佛菩薩，經爾所佛剎極微塵數劫，相續不斷，所得功德。若復有人聞此願王，一經於耳，所有功德，比前功德百分不及一，千分不及一，乃至優波尼沙陀分亦不及一。」這是通過校量的方式說明本品利益。普賢菩薩告訴我們，如果有人以十方世界那麼多的、數不勝數的極品珍寶布施眾生，並以此供養十方世界所有的諸佛菩薩，而且盡未來際、永不間斷地供養。所獲功德雖然極大，卻無法和修學普賢法門的功德相比，甚至不到百分之一、千分之一、千萬分之一。因為以再多的珍寶布施再多的人，只能使人得到物質利益，卻不能令眾生斷煩惱、了生死。而聽聞《行願品》並按照這一法門精進修學，能引導我們成就佛果，究竟解脫。在學佛者都很熟悉的《金剛經》中，也數數以校量功德的方式說明，法布施遠勝於財布施，法供養遠勝於財供養。

3．消除惡業

「或復有人，以深信心，於此大願受持讀誦，乃至書寫一四句偈，速能除滅五無間業。所有世間身心等病，種種苦惱，乃至佛剎極微塵數一切惡業，皆得消除。」修學《行願品》，還能幫助我們滅除罪障。佛教中最重的罪業為五無間業，分別是殺父、殺母、殺阿羅漢、出佛身血、破和合僧五項。即使如此深重的罪業，也能通過讀誦、書寫《行願品》加以懺悔，滅除一切罪業及身心的痛苦煩惱。

4．遠離邪魔

「一切魔軍、夜叉、羅剎、若鳩槃茶、若毗舍闍、若部多等，飲血啖肉諸惡鬼神，皆悉遠離，或時發心親近守護。」世間災難多與魔軍、夜叉等妖魔鬼怪有關，但只要我們至心讀誦《行願品》，所有諸惡鬼神看到我們都會遠遠避開，甚至變作護法來守衛我們。因為我們在修學成佛的無上法門，力量威猛。

5．諸佛護念，人天禮敬

「是故若人誦此願者，行於世間，無有障礙。如空中月，出於雲翳。諸佛菩薩之所稱讚，一切人天皆應禮敬，一切眾生悉應供養。」我們修學《行願品》，在世間就不再會遇到任何障礙。就像月亮跳出雲彩遮蔽之後，朗照四方，沒有任何阻擋。修學普賢菩薩的十大願王，不僅會得到世人恭敬，還會得到天人尊重，甚至諸佛菩薩也會時常讚歎我們。

6．獲得圓滿身分

「此善男子善得人身，圓滿普賢所有功德。不久當如普賢菩薩，速得成就微妙色身，具三十二大丈夫相。若生人天，所在之處，常居勝族。悉能破壞一切惡趣，悉能遠離一切惡友，悉能制伏一切外道，悉能解脫一切煩惱，如獅子王摧伏群獸，堪受一切眾生供養。」修學《行願品》，將在未來生得到最圓滿的身分。像普賢菩薩那樣，圓滿他所具有的一切功德。我們學習佛菩薩，最後就能圓滿他們具備的功德，並具備三十二種大丈夫相，這是佛教最圓滿的相貌。若生在人天善處，還能出身於高貴的家族。從今往後，不僅不必擔心墮落惡道，連惡友也能自動遠離我們，除非是我們發心去救度他們。此外，一切外道會被我們的威德攝受，一切煩惱也將得到解脫。因為本品闡述的修行法門，代表菩提心轉化的、威力無比的心行力量。就像百獸之王獅子那樣，能使群獸俯首稱臣。按照《行願品》修學，就是如來家業的真正繼承者，能得到眾生的供養。

7・往生佛剎，速成佛道

「又復是人臨命終時，最後剎那，一切諸根悉皆散壞，一切親屬悉皆捨離，一切威勢悉皆退失。輔相大臣、宮城內外、象馬車乘、珍寶伏藏，如是一切無復相隨。唯此願王不相捨離，於一切時引導其前，一剎那中，即得往生極樂世界。到已即見阿彌陀佛、文殊師利菩薩、普賢菩薩、觀自在菩薩、彌勒菩薩等。此諸菩薩色相端嚴，功德具足，所共圍繞。其人自見生蓮華中，蒙佛授記。得授記已，經於無數百千萬億那由他劫，普於十方不可說不可說世界，以智慧力，隨眾生心而為利益。不久當坐菩提道場，降伏魔軍，成等正覺，轉妙法輪。能令佛剎極微塵數世界眾生，發菩提心。隨其根性，教化成熟，乃至盡於未來劫海，廣能利益一切眾生。」

學佛的人，最關心臨終去哪裡。當色身即將敗壞時，身邊再親密的人也無法陪伴我們。生前地位再高，此時一無用處；生前財富再多，仍然只能兩手空空地離去。此刻，唯有宿世積累的業力會陪伴我們。所以，人們都關心臨終時是否會因一念之差而墮落惡道，關心阿彌陀佛是否前來接引。

如果我們修學普賢法門，就不必擔心這些問題了。因為修學十大願王所具備的菩提心的力量，將在臨終時引導我們，將我們直接推向極樂世界。到達之後，不僅諸佛菩薩都會接見，還將生於蓮花中，得到諸佛的授記。然後立刻前往十方世界，大行菩薩道。最後像佛陀那樣成就佛道，降伏魔軍，廣轉法輪，使無量無邊的眾生因聽聞普賢菩薩的殊勝教法而發起菩提心，並根據各自的根性得到度化，最終都能修行成就。

8．結說

「善男子，彼諸眾生若聞若信此大願王，受持讀誦，廣為人說。所有功德，除佛世尊，餘無知者。是故汝等聞此願王，莫生疑念，應當諦受。受已能讀，讀已能誦，誦已能持，乃至書寫，廣為人說。是諸人等，於一念中，所有行願皆得成就，所獲福聚無量無邊。能於煩惱大苦海中，拔濟眾生，令其出離，皆得往生阿彌陀佛極樂世界。」

普賢菩薩告訴我們，一切有緣聽聞並深信普賢十大願王的眾生，只要認真地受持、讀誦並向他人宣說，必將獲得無比殊勝的功德。其功德之大，除了十方諸佛，無人能夠真正了解。同時，普賢菩薩還告誡我們，切莫對此法門產生懷疑。雖然我們一時還無法真正理解普賢菩薩的甚深境界，但至少可以通過信仰來接受這一法門。只要真實修行，能讀誦、書寫、演說，終將成就普賢菩薩那樣的功德。不僅自己能於一念中成就無量的福德智慧，也能使眾生遠離生死輪迴，往生極樂世界。

《普賢行願品》是一部教導我們成就菩提心的修行寶典。菩提心代表生命中最強大、最健康的力量。成就菩提心，不僅可以解決自身問題，還能幫助無量眾生解除痛苦和煩惱。如果我們活在凡夫心中，即使想要幫助他人，也是泥菩薩過河，自身難保。自己的心行都不健康，如何有力量幫助他人？中國歷史上，不少起義軍開始也是為天下百姓揭竿而起，但有了一定地位之後，就無一例外地變質了。原因何在？正是因為缺乏菩提心。他們所有的發心，雖在一定程度上有慈悲濟世的成分，卻仍是建立在凡夫心的基礎上。而凡夫心的特點是我執，是自私自利，所謂「人不為己，天誅地滅」。凡夫心來自無始以來的積累，其力量根深柢固，難以動搖。擺脫凡夫心的唯一道路，是成就菩提心。菩提心是無限、無我、無所得之心，唯有它的力量，才能戰勝凡夫心，自利利他，使我們實現生命的終極價值。

從有限到無限

《普賢行願品》在教界的流傳可謂廣泛，卻罕有學人真正透徹其間蘊藏的無限深意。此次，有緣在朝禮普賢菩薩應化道場峨眉山之後再度宣講本品，蒙菩薩加持，對經中深密佛意又有新的體悟。

普賢行願歷來為古德所尊，名之「十大願王」。所以然者，我發現，本品揭示的成佛法門，確乎超勝於常規的菩薩行，可謂至頓至圓。通常，菩薩道修行是通過六度四攝來完成，依此逐步修習慈悲和智慧，最終圓成悲智二德，此為由因及果的漸修之道。而本品揭示的用心方法，是以菩提心為前提，直接臨摹佛陀品質，藉由觀想之力貼近諸佛心行，此為立足於果地的頓修之道。

十大願王的長行部分，本身就是周詳細致的觀修儀軌。倘能依此修習，將念念與佛陀品質相應，以此瓦解凡夫心，圓成究竟的智慧品質。同時，通過恆順眾生的修行，達致圓滿的慈悲品質。

任何一個法門的修行都不是孤立的，本品亦不例外。所以在修學之初，必須了解完整修學體系所應具備的核心要素，認識各宗修行所應奠定的共同基礎。在多年修學過程中，我真切體悟到，皈依、發心、戒律、正見、止觀是任何一個修學體系皆應完具的五大要素，其中，皈依、發心、戒律更是各宗修行的共同基礎。

有鑑於此，在本次講座中，也是從五大要素及皈依、發心的修學談起，令大眾對佛法有概括性的整體認識。唯有具備這些認識前提，具備相應修學基礎，才有可能切入《普賢行願品》的修行，於此無上法門真實受益。

自一九九六年在柏林寺首次開講《普賢行願品》以來，至今恰好十年。期間，對本品的學修和宣講，於我個人修學也有著莫大助益。尤其近兩年，蒙佛菩薩加被，較以往更深體悟到《行願品》這一修法的奧妙所在。

從走入佛門至成就佛果，是認識並成就佛菩薩悲智兩大品質的過程。為抵達這一目標，須營造良好的心靈環境，這個階段主要通過積累資糧、懺除業障兩項內容完成。《行願品》雖篇幅無多，卻是漢傳、藏傳共同重視的一部修行寶典，可謂文約而義豐。在漢傳早晚功課的「八十八佛大懺悔文」中，藉十大行願修習之力，引導我們發露懺悔、淨除業障。而藏傳佛教則將其總結為「七支供」，分別是禮敬支、供養支、懺悔支、隨喜支、請轉法輪支、請佛住世支和迴向支，以此集資淨障，奠定修法前行。

《行願品》闡述的，是普賢菩薩的修學行門。確切地說，本品正是普賢行門的觀修儀軌。其實，每個菩薩都有自身的修學法門。如《楞嚴經》二十五圓通章，便由二十五位大阿羅漢及大菩薩講述各自修行乃至證悟圓通的法門。他們是這樣，十方諸佛也是這樣，在因地修行時，都會選擇一條契合個人根機的實踐之道。

作為普賢菩薩的修持行門，十大行願的殊勝在於，不僅可以作為任何修法的前行，其本身也是圓成菩提的無上正行。我在前年開講《普賢行願品的觀修原理》時，曾將之歸納為兩句話，那就是「菩提心的無上觀修，佛陀品質的臨摹方法」。

所以是「菩提心的無上觀修」，因為普賢大行是以無限利他為所緣，其願力大悲周遍，其所行普覆眾生，若能依此行持，必將迅速發起菩提心，圓滿菩薩行。同時，本品還引導我們從臨摹佛菩薩品質入手，使內心不斷向他們貼近，向他們靠攏。就如學習書法，開始往往以臨摹法帖為起點，從中體味歷代書家的運筆、結構、神韻，在亦步亦趨的刻意揣摩中把握傳統，並經長期實踐，徹底轉化為自身技能。《行願品》闡明的修學之道，正是基於這一原理，在認識、學習、臨摹佛菩薩品質的過程中，使內心逐步與之契合，與之相應，最終無二無別。

《普賢行願品》出自四十卷本的《華嚴經》，立足於華嚴見地，其高廣深邃，究竟了義，各宗無有超乎其上者。而在被尊為「經中之王」的《華嚴經》中，其修行又導歸十大行願。由此亦說明，《行願品》乃尊中之尊。所以能這樣，其中必定蘊藏至高的實修竅訣。

遺憾的是，許多人對《行願品》雖耳熟能詳，卻只是念念而已，未明個中深意，於修行自然也就作用無多。原因何在？一個法門的修行，尤其是《行願品》這樣至高的法門，必須建立於相應基礎之上。就像建築，體量越巨，地基便須越深，越堅固。在多年修學過程中，我真切體會到，任何法門都不是孤立的，而是代表相應的修學體系。就這個意義而言，所有法門的修行都應包含基本的核心要素，具備完整的修學次第。任缺其一，終將成為學修障礙。或者，在修行之初就偏離方向；或者，修到某個程度便停滯不前；更有甚者，由此演變為增上慢心，所學種種徒增我執，於解脫漸行漸遠。

那麼，完整修學體系所應具備的核心是什麼？那就是皈依、發心、戒律、正見、止觀五大要素。其中，尤以皈依、發心為重要基礎。皈依，是佛法之本；發心，乃修行之本。本立而道生，緊緊把握根本，才不至在漫漫求索路上偏離方向。此外，戒律、正見、止觀也是不可或缺的，此為能證無漏聖果的基本三學，由戒生定，由定發慧。其中，戒律乃定慧之基，正見是修行眼目，止觀是將理論落到實處的技術。

佛法修學的完整內容及實踐次第，皆涵蓋於五大要素之中。此處，我們重點說明皈依和發心兩項。

在座的多數已經皈依，但對皈依的認識是否完整？皈依的動機是否正確？我們不妨問問自己：是否為出離輪迴而發心皈依？是否因嚮往佛菩薩功德而發心皈依？我們還要問一問自己：皈依之後，三寶在心目中的分量有多重？佛法對人生的影響有多大？

皈依三寶，是確定以佛法僧作為人生的根本依賴，究竟歸宿。這種選擇不是一時衝動，也不是盲聽輕信，而是經由理智思考作出的抉擇，是盡形壽的生命誓言。在此過程中，又該如何保持對三寶的信心？這就必須明確三寶對自身的作用。

身為佛子，我們選擇以佛陀為學習榜樣和修行目標。為達成這一目標，須有相應的實踐方法。在佛教中，成就目標有二，一是解脫，一是成佛。前者是通過解脫道的修行成就阿羅漢果，後者是通過菩薩道的修行成就無上佛果。佛法，正是指導我們成就解脫、趣向菩提的方法。

了解方法之後，還須有善知識指導。否則，方法很難操作起來，更無法成為生命的核心所在。佛經中，特別強調「親近善知識」的作用，以之為道前基礎，修行保障。末法時代的眾生，最大不幸就在於缺乏善知識引領。不少人發心皈依後，雖有很多困惑，卻找不到有效的解決途徑，內心彷彿孤兒般缺乏依靠。

於是乎，有些人就憑一己之力閱讀經論，有些人則行走江湖尋師訪道。雖然也讀了一些經論，求得一些法門，但這部經論或這個法門在整個修行中處於什麼位置，能幫助我們完成哪一階段的修行，多半仍是茫然不知。如是，看似學了修了，卻往往是局部的、零碎的，不能貫穿為修道的整體。根本原因，就在於缺乏完整而有次第的引導。就像有了一些汽車配件，卻沒有汽車製造專家告訴我們還缺些什麼，該怎樣組裝，又如何指望這些零配件載著我們跋山涉水？

信為無上菩提本，對三寶有幾分信心，佛法就能對我們產生幾分作用。有一分信心，僅得一分受用；有十分信心，方得十分受用。因為信心標誌著三寶在我們心中的分量，同時也決定著佛法能對生命產生的影響。

生活中，我們最在乎、最看重的，正是對自己影響最大的，乃至牽一髮而動全身。在這個五濁惡世，每天災難頻仍，噩耗連連，但對我們產生影響的有多少？他國的戰火紛飛，別家的妻離子散，往往不及工作中的一點挫折更令我們沮喪，不及親人的偶染小恙更令我們不安。所以這樣，因為他人的災難並不在我們真正關心的範圍內。可見，對生命能有多少影響力，並不在於事情本身，而在於我們的重視程度。同樣的道理，若三寶不曾深深扎根於我們心中，那麼，佛法就只是人生中可有可無的點綴，其影響自然也就微乎其微了。

無始以來，我們一直以自我為中心，形成現有的、剛強難調的凡夫心。藉由對三寶的堅定信心，不僅能引導我們擺脫串習，更將開啟以三寶為核心的嶄新人生。如果不能做到這一點，雖然表面看來是在學佛，但所學所修仍是建立在自我基礎上。如是，所做一切終將順著固有習氣延續，終將被凡夫心操縱利用。

所以，對三寶的信心是學修關鍵所在。無論修學什麼法門，皆應以皈依為根本，以成佛為目標，親近善知識，依法得解脫。

皈依之後，還須進一步發心。發心並不神祕。事實上，我們每天都在發心。不論學佛與否，我們的一言一行都離不開心的參與。心具有創造和選擇的功能，因此，以什麼心做事很重要。世人多關注客觀結果，卻很少關注自己的心，關注自己用什麼心做事。

我們每做一件事，都包含兩種結果：一是得到什麼，這是外在的、暫時的結果；一是成為什麼，這是內在的、長遠的結果。人生最重要的，是成為什麼，而非擁有什麼。用什麼心去做事，正是決定我們成為什麼的關鍵。若以貪心做事，久而久之，內心便會形成貪的相續，甚至發展為生命主宰。以嗔心或我執去做，同樣會長養嗔心，長養我執。我們所以是凡夫，正是因為無始以來皆深陷於凡夫心，並隨這一慣性學習、工作、生活。雖在做事過程中培養了相應的世間能力，但也造就了現有的凡夫習氣。

言行將積累為習慣，習慣將演變為性格，性格將發展為人格，決定我們的生命品質。所以，每天想什麼、做什麼對生命走向有著不容忽視的影響。我們在世間擁有的一切，隨時可能敗壞，可能失去，但生命內在的相續將長久產生作用。在它被徹底改變之前，會盡未來際影響我們。

學佛的成就，不在生命以外，而在生命以內，那就是改造自己的心。將現有的凡夫心行，改造為佛菩薩那樣平等無限、悲智圓融的心行。心的調整，正是從發心開始。過去，很多人也在談發心，但更多是將之作為一個口號，甚至流於口頭禪式的戲言，遇到困難時，就要求別人「發發心，發發心」。但發心究竟是什麼？又該怎樣發心？其考量標準為何？如是種種，反而躲在這兩個簡單而熟悉的字背後，被我們漸漸遺忘。甚至以為，「發心」就是用來說，而非用來做的。

佛教所說的發心，有其特定含義。如貪心、嗔心、痴心等，皆不在我們所要修學的發心之列。所以說，發心還包含著不發心。這就必須明確，我們要發的是什麼心。對學佛者而言，正確的發心為出離心、菩提心，二者皆由學佛目標所決定。學佛所要完成的，一是捨凡夫心，捨棄那些使我們淪為凡夫的心理；一是成就佛陀品質，即圓滿的慈悲和智慧。佛陀所以為人天敬仰，為眾生所尊，並非因為外在的相好莊嚴，而是由於內在的清淨品格、圓滿德行。

捨凡夫心，須從發出離心開始。由透徹輪迴是苦，而發心出離現有生命軌道。或許有人會問：在家居士也要發出離心嗎？發起出離心後，還如何生活呢？其實，這是對出離心的誤解。出離不同於厭世，而是出離對輪迴的執著，對五欲六塵的執著。發起出離心，我們仍可繼續現有的生活和工作，仍可承擔在世間應盡的責任，且不為執著所縛，只是隨分隨力地擔當。同樣是做，卻能比以往更自在，更灑脫。所以說，在家居士一樣要發出離心，只是發心方式和出家人不盡相同。

出離心是修行前提，若對世間尚有貪戀，學佛就不會深入，修行也必然舉步維艱，徘徊不前。即使每天有定課，但一天二十四小時中，若只有座上一小時能提起正念，其他時間卻一心念著世間利益，念著兒女情長。如是，正念之力又如何能與凡夫心匹敵？若是我們放下對世間利益的期盼，放下對五欲塵勞的執著，凡夫心就得不到生存所需的養料。長此以往，必然逐漸萎縮，乃至瓦解，不再成為正念的阻力。

當我們生起出離心後，還應將之擴大到一切眾生。不僅想著自己出離，更願六道無量眾生一同出離，同證菩提，共赴佛土。這就需要我們打開小我的堅固壁壘，將六道一切眾生盡納其中，如大海收納百川，如虛空包容萬物，是為菩提心。

菩提心不是一蹴而就的。因為我們最初發起的，只是世俗菩提心，還須通過聞思經教、空性正見來提升淨化，通過受菩薩戒、行菩薩行來長養鞏固。不少人都受過菩薩戒，但其中的大多數，只是參加了相關儀式，並不具備菩薩應有的內涵。菩薩戒的靈魂，正是菩提心。缺乏這一發心，菩薩戒終會流於形式。受過菩薩戒的佛子不妨審視一下，在我們內心深處，可曾生起「為利有情願成佛的」

的願望？可曾有過「不為自己求安樂，但願眾生得離苦」的誓言？

印度空有二宗（中觀、瑜伽）的傳承中，都有受持菩提心的儀軌。以莊嚴的儀式，令發心者在善知識和十方諸佛前宣誓：以利益一切眾生為生命目標。更重要的，是每天的憶念、修習，將此誓言逐步落實於心行，成為內心最真切的願望，成為生命不可分割的一部分。有關內容，《菩提道次第廣論》中有詳細記載。近年來，為推廣菩提心教法，使大眾了解修習菩提心的意義，我也編寫了相關的受持儀軌和修習方法，並為四眾弟子傳授。

通過受持、修習菩提心，使利他悲心成為自身的願望後，再來受菩薩戒，才能成為合格的菩薩，使大乘教法扎根於我們的相續中。否則，徒具菩薩名份，卻無應有內涵。這也是許多人雖受菩薩戒，卻但求自了、不願利他原因所在。

菩提心是大乘不共教法。對於大乘學人而言，修學什麼法門，甚至見地高低都不是最重要的。是否具有菩提心，才是考察的關鍵標準。若無此心，終不能成無上正覺。

因為諸佛菩薩的大慈大悲，必須通過發菩提心、行菩薩行成就。同時，悲、智不可偏廢，否則便難以圓滿，所謂「有智無悲是名二乘，有悲無智乃曰凡夫」。沒有智慧觀照，慈悲將停留於世俗心的層面，永遠是有限的。若僅修空觀卻不修慈悲，又會落入二乘。當然，並不是說聲聞人就沒有慈悲。區別在於，聲聞人的慈悲尚未圓滿，尚未周遍，對眾生尚未生起直下承擔、不棄一人的責任感和使命感。

悲智兩種品質，有相應的訓練方式。世間每種能力都是訓練起來的，在座的每個人，都有各自的能力、長處，也有各自的性格、習氣，這些並非上天賜予，而是從生生世世的不斷訓練、強化中來。

修行是對心的訓練，簡言之，是對正確心行的正確重複。同時，在重複中不斷糾正錯誤。就像我們學打球，教練示範的姿勢，往往不同於我們的習慣。一個簡單動作，也可能要糾正百遍、千遍、萬遍。在此過程中，稍有不慎，又會在不知不覺中進入原有慣性。因此，這一訓練過程既是對動作的規範，也是對身心串習的糾正。

在這個世間，我們一生都在訓練各種能力。與此同時，不自覺地訓練了無數串習，無數顛倒妄想。當我們意識到現有心行的過患，意識到這種人生的無謂，唯一的出路，就是走出原有慣性，開始訓練佛菩薩那樣慈悲、智慧的品質。否則，生命是沒有出路的。即使今生結束，輪迴中，同樣的苦仍將繼續，決無僥倖逃脫的機會。

對佛菩薩品質的訓練，就是正確的重複。念佛是一種重複，幫助我們安住於佛號和正念；禪修也是一種重複，幫助我們制心一處，訓練專注。當正確心行完全代替錯誤串習時，修行就成功了。

所以說，成就佛菩薩品質必須有三個因緣：其一，內容完整，成佛應該訓練哪些心行，修習哪些法門，對相關內容有全面認識。其二，方法正確，否則再精進也無濟於事，反而會將一些錯誤習慣固定下來，成為新的串習。其三，不斷重複，不斷地糾正錯誤、重複正確，將此過程循環千遍、萬遍、百萬遍，使正確心行在不斷重複中增長廣大，真正成為生命的主導力量。

明白這個道理之後，須從悲、智兩方面著手訓練，在實踐中不斷印證法義所言。

智慧，是解脫的能力。徹見空性，便具備了生命的自主力，不再被五欲六塵左右。同時，又因悲心而不忍獨享涅槃之樂，發願幫助一切受苦有情脫離苦海。所謂「智不住三有，悲不住涅槃」。一方面，在人世間不著塵勞；一方面，於輪迴中自在無礙。

從究竟意義上說，悲和智又是一體的。在傳統的佛法修行中，主要通過六度完成菩薩道的修行。其中，前五度為方便，第六度為慧。菩薩戒，正是依六度建立的行為規範，將每一度修習圓滿，便能成就與諸佛等無有異的品質。

那麼，圓滿的標準又是什麼？怎樣才能判斷所修布施、持戒、忍辱等是否合格？主要是通過心行來衡量。當我們能對一切有情生起布施心，並盡己所能地廣行布施時，布施度就圓滿了。當我們對任何有情不再有絲毫嗔心，不再為其所惱時，忍辱度就圓滿了。由此可見，菩薩道的實踐並非遙不可及。一旦認識修行原理，便會發現，它是具體而切實可行的，就在我們的起心動念之間，在我們的語默動靜之間。

如果說修習六度能使我們成就佛菩薩的兩大品質，那麼，《普賢行願品》則為我們提供了有別於六度四攝的另一種途徑。從某種意義上說，《行願品》開顯的修行方式，在用心上更善巧，更直接。原因在於，它所依託的是至圓至頓的華嚴見地。只要有能力修得起來，進步必定更快。依六度修行，可能要三大阿僧祇劫方能成就，而依《行願品》修行，即身成就也是可能的。

關於《行願品》的內容，想必不少人念得很熟悉，尤其是十大願王。所以，這裡只是略作介紹：

一者禮敬諸佛，對十方諸佛菩薩心生禮敬，至誠地恭敬禮拜。

二者稱讚如來，由至心憶念如來功德，發自內心地稱揚讚歎。

三者廣修供養，包括財供養、法供養等，對三寶及十方諸佛廣行供養，以此積累福德資糧。

四者懺悔業障，以此清除學佛路上的違緣和障礙，使道路暢通無阻，直達終點。

五者隨喜功德，對佛菩薩及一切眾生的功德、善行心生歡喜，由隨順引發自身善行，打開自我心量，擁有開放、包容的心。

六者請轉法輪和七者請佛住世，都是關於請法的內容。為使眾生有緣聽聞佛法，請求諸佛菩薩、高僧大德長久住世，廣度群迷。這是幫助我們對佛法生起希求，使自心與佛法相應。

八者常隨佛學，即向佛菩薩學習。每位佛菩薩都有各自行門，我們可從中尋找一位感覺相契者作為修學典範，或觀音菩薩，或阿彌陀佛，然後按其願力及修行方式去做。

九者恆順眾生，在利益一切眾生的過程中，完成大悲心的修行。

十者普皆迴向，將所有功德迴向眾生，盡無遺餘。

從表面看，這些內容似乎並不複雜。但正是這十大行願，被歷代祖師尊為願王，盡享殊榮，利眾無數。原因何在？乃因其中每一願皆以無限為所緣。《行願品》所說的供佛、拜佛，不是拜一佛、二佛，而是禮拜十方三世、無量無邊的諸佛菩薩。無論在時間或空間上，都是廣大無限，難以窮盡的。那麼，以我們的有限身心，又如何完成無限的修行呢？

觀想，正是由有限達成無限的橋梁。

以第一大願為例，經云：「言禮敬諸佛者，所有盡法界虛空界，十方三世一切佛剎極微塵數諸佛世尊，我以普賢行願力故，起深信解，如對目前，悉以清淨身語意業，常修禮敬。一一佛所，皆現不可說不可說佛剎極微塵數身。一一身，遍禮不可說不可說佛剎極微塵數佛。虛空界盡，我禮乃盡。以虛空界不可盡故，我此禮敬無有窮盡。如是乃至眾生界盡，眾生業盡，眾生煩惱盡，我禮乃盡。而眾生界乃至煩惱無有盡故，我此禮敬無有窮盡。念念相續，無有間斷；身語意業，無有疲厭。」

依《行願品》所示，我們在拜佛過程中，不僅是拜眼前這尊佛，更要將其觀想為無限，觀想宇宙中有微塵般重重無盡、不見邊際的諸佛顯現。同時，在觀想中將自己化身千百億乃至無量。在每位佛陀前，都有一個自己在拜；而每個自己，又在拜無量諸佛。每一拜，都是由無量的我，在拜無量的佛。如是，我們的存在也是無限的，一如佛菩薩的存在。這是在空間上展現的無限。

而在時間上，每一願都是盡未來際，沒有終結，所謂「虛空界盡，我禮乃盡。以虛空界不可盡故，我此禮敬無有窮盡……念念相續，無有間斷；身語意業，無有疲厭」。這是何等寬廣無垠的胸懷，何等震撼人心的願力！相比之下，世間任何海誓山盟都顯得微不足道。

不僅「禮敬諸佛」是以無限為所緣，其他九願也同樣如此。藉由觀想之力，將我們有限的心行化為無限，迅速積累成佛資糧。

從內容而言，十大行願的修行又可歸結為兩部分，那就是，依上求佛道成就智慧，由下化眾生修習慈悲。

上求佛道，從禮敬、稱讚、供養諸佛，到請法、請住世，憶念佛陀和佛法的功德。就這個意義而言，我覺得，《行願品》也是關於皈依的至高修行。在多年弘法過程中，我越來越認識到皈依的深遠意義。身為佛子，不論出家在家，不論學佛時間多久，也不論讀過多少經論，修過多少法門，若不能對三寶生起切實的皈投依賴之心，所做的一切，終究與解脫、成佛了不相干。

有鑑於此，我這幾年特別在各地大力提倡皈依共修。通過常規的宗教生活，幫助信眾強化對三寶的皈投之心，深化對三寶的認識程度。其實，皈依不僅是走入佛門的儀式，其本身就是三根普被、高不見頂的修行。憶念三寶的過程，是學習佛菩薩發心和行持的過程，也是將自身融入三寶無盡功德的過程。《行願品》的修行，正是通過對佛菩薩心行的憶念和類比，最終於自身圓滿悲智二德，成就無上正覺。

下化眾生，主要體現為「恆順眾生」，即對一切眾生行種種利他事業。在這一大願中，我們可以看到，慈悲心的修行正是建立在眾生的基礎上，是以眾生而非佛菩薩為中心。經文告訴我們：「若能隨順眾生，則為隨順供養諸佛；若於眾生尊重承事，則為尊重承事如來；若令眾生生歡喜者，則令一切如來歡喜。」可見，眾生甚至比諸佛更重要。因為「一切眾生而為樹根，諸佛菩薩而為華果，以大悲水饒益眾生，則能成就諸佛菩薩智慧華果」。沒有樹根，就沒有花繁葉茂，沒有碩果纍纍。同樣，如果沒有眾生，也不能成就諸佛菩薩的大悲，「是故菩提屬於眾生，若無眾生，一切菩薩終不能成無上正覺」。

那麼，我們又該怎樣修習此願，怎樣恆順眾生呢？普賢菩薩告訴我們：「於諸病苦，為作良醫。於失道者，示其正路。於暗夜中，為作光明。於貧窮者，令得伏藏。」恆順，一方面是盡己所能滿足眾生的真正需要，一方面是以平等無別的心饒益有情。恆順眾生，能幫助我們圓滿慈悲的修行。當然，這種慈悲是與智慧相互融攝的，因為平等正是空性的特徵之一。

但我們應當知道，平等饒益眾生，並不是說要滿足眾生的所有要求。《瑜伽師地論》告訴我們，恆順是有前提、有原則的。如果這件事既能給眾生帶來現前安樂，又能帶來究竟利益，就應該無條件地恆順。如果這件事能給眾生帶來究竟利益，但不能帶來暫時快樂，也應該善巧地給予幫助。如果這件事只能給眾生帶來眼前滿足，卻不能帶去正面利益，甚至會帶來負面影響，就絕對不能恆順。眾生因無明所惑，不知生命的真正需要，常常被煩惱控制，不能自已。在這樣情況下，他要吸毒，要作惡，要為所欲為，一味隨順只能使他們在錯誤道路上越走越遠，將他們更快地推向惡道，推向深淵。所以，恆順不僅需要慈悲來成就，更需要智慧來抉擇。

成佛的修行，不外乎慈悲和智慧兩大內容。《行願品》以華嚴見地為依託，為我們提供了修習悲智二德的獨到方法——直接臨摹佛陀的品質。這一用心方法可謂不同凡響，高明之至。

經云：「若人欲了知，三世一切佛，應觀法界性，一切唯心造。」這一偈頌告訴我們，所有境界都是心的顯現。同時，我們的心有能力顯現一切，有能力顯現三惡道，也有能力顯現諸佛國土。無論我們想什麼，只要精勤不斷地觀修且方法正確，終有一天會成為事實。

因此，這一修法的關鍵是在於我們怎麼想，想什麼。

每個人都有很多心念，時時都在活動著，變化著，此起彼伏，此生彼滅。每個心念活動時，又會顯現相應的影象。我們的世界是能和所的世界，由此產生我執和法執。這些執著堅固且遍及一切，就像層層羅網，將我們的心全面包圍，緊緊纏縛。

在生命的某個層面，我們本和十方諸佛無二無別。因為我們的心也和他們一樣，如虛空般浩瀚深廣，無量無邊。但我們這些可憐的凡夫，卻被無明所惑，將心糾纏於我法二執，放棄無限而執取有限，放棄廣闊而固守狹隘。就像是把自己關在一個僅可容身的器皿中，還以為這個容器就是全部的天地，以為這個牢籠就是可靠的家園。卻不知道，為這個關押自己的容器，我們放棄了多少空間，放棄了多少自由！

《行願品》的觀修，幫助我們以觀想完成心的突破。

我們修「禮敬諸佛」，每一拜，都是向盡虛空、遍法界的諸佛菩薩而拜。試想，這樣的一拜，與心中只裝一佛、二佛而拜，所成就的又何止天壤之別。「禮敬諸佛」是這樣，「廣修供養」是這樣，乃至每一大願都是如此。

從某種意義上說，《行願品》稱得上是積累福德的「第一生產力」。有道是，科技是第一生產力。因為科技發展使勞動效率得到了空前提高，使一個農民可以管理幾百乃至上千畝農作物，這是我們在過去完全無法想像的。

同樣的道理，依《行願品》修行，可以幫助我們在最短時間內圓滿成佛資糧。若以有限的心積累福德，永遠也無法圓滿成佛所需。因為再多的有限加在一起，只是更多的有限，卻不能完成無限的飛躍。

倘若能以無限的心去修行，去積累成佛資糧，無須三大阿僧祇劫的鋪墊，無須生生世世的經營，當下就能圓滿累世無法完成的艱巨任務。這並非神話，亦非無法達成的理想，只要我們發廣大心，發勇猛心，並以空性見不斷調整心行，一旦發心到位，其餘一切自然會瓜熟蒂落，水到渠成。原因在於，任何一個有限的行為，安立於無限的基礎上，都將成為無限。就像任何數字乘以無窮大之後，結果都是無窮大。所以說，擁有什麼樣的發心，運用什麼樣的方法，確實是修行能否成就的關鍵。

從這個意義上說，《行願品》闡明的修行之道，不僅積累福德，培養慈悲；同時也能成就智慧。所以然者，乃因「無限」是佛智具有的特徵。當我們通過觀想，觀想無量的我在拜無量的佛，觀想一一的我在拜一切的佛，觀想佛和我同時遍布虛空，遍滿法界……我們的存在，就不再為有限的色身所束縛，不再為狹隘的凡夫心所束縛。我們的心就是無限的，我們的存在也是無限的。

生命的當下本是無限的。一切有限都是人為設置的，是在無明、我執操縱下設置的。世界形成之初，並無國家之分、民族之分、你我之分。只因我執所縛，才開始形成國家、民族、語言、階級、身分等種種差別，所有這些都是意識強加其上的。在諸法實相中，並不存在這些差別。學佛所做的，正是將這些錯誤設定徹底去除，將我們附加於世界、自身的種種錯覺徹底去除。更重要的是，將導致錯誤設定的凡夫心一一瓦解，全面粉碎。

《行願品》的觀修，引導我們以觀想之力，突破種種阻塞，突破有限心行。當我們作如是觀想時，我執就找不到著落點了。如果所緣對象是無限的，我執便無法安立其上，就像我們無法將任何一件物體黏貼於虛空中。我們無法在虛空中使用膠水，使用釘子，使用繩索。一切可以將物體黏合或捆綁在一起的手段，對虛空都是無能為力的，不能起到任何作用。當我們觀想無限時，就和佛菩薩的心有了共同的特徵。

當然，觀想不只是簡單地觀一下，還須通過反覆訓練，使這種觀想念念相續，無有間斷。如是，我們才能真正和佛菩薩心心相印，無二無別。如果只是偶爾觀一下，更多時候仍滯留於凡夫的有限心行，那麼你還是你，佛菩薩還是佛菩薩。

我在學修《普賢行願品》之初，時常都在思考：為什麼漢傳、藏傳的大德那麼重視這些內容，奧妙何在？隨著學修的深入，終於發現其中的深意所在。普賢菩薩的這一行門，確乎深廣、稀有、究竟，它不僅是集資淨障的最佳途徑，其本身就是成佛的修行，指引我們直接臨摹佛菩薩品質，成就無限的智慧和慈悲。只要我們用心觀想，精進行持，必能觸摸到這種無限的力量。若能依此究竟、圓滿的方法善用其心，成佛的修行將不再渺茫，而會具有極強的可行性。

藉由今天這一因緣，將我這兩年對《普賢行願品》的學修體會與各位分享，希望對大家有所啟發。

菩提心與普賢行願

作　　者　濟群法師
責任編輯　徐藍萍、張沛然
校　　對　林昌榮

版　　權　吳亭儀、江欣瑜
行銷業務　周佑潔、賴正祐、華華
總 編 輯　徐藍萍
總 經 理　彭之琬
事業群總經理　黃淑貞
發 行 人　何飛鵬
法律顧問　元禾法律事務所王子文律師
出　　版　商周出版　台北市104民生東路二段141號9樓
電話：(02) 25007008　傳真：(02)25007759
E-mail：ct-bwp@cite.com.tw　Blog：http://bwp25007008．pixnet.net/blog
發　　行　英屬蓋曼群島商家庭傳媒股份有限公司城邦分公司
台北市中山區民生東路二段141號2樓
書虫客服服務專線：02-25007718　02-25007719
24小時傳真服務：02-25001990　02-25001991
服務時間：週一至週五 9:30-12:00　13:30-17:00
劃撥帳號：19863813　戶名：書虫股份有限公司
讀者服務信箱 E-mail：service@readingclub.com.tw
香港發行所　城邦（香港）出版集團有限公司　香港灣仔駱克道193號東超商業中心1樓
E-mail: hkcite@biznetvigator.com　電話：(852)25086231　傳真：(852)25789337
馬新發行所　城邦（馬新）出版集團 Cite (M) Sdn Bhd
41, Jalan Radin Anum, Bandar Baru Sri Petaling, 57000 Kuala Lumpur, Malaysia.
Tel: (603) 90578822　Fax: (603) 90576622　Email: cite@cite.com.my

封面設計　張燕儀
印　　刷　卡樂製版印刷事業有限公司
總 經 銷　聯合發行股份有限公司　新北市231新店區寶橋路235巷6弄6號2樓
電話：(02) 2917-8022　傳真：(02) 2911-0053

■2023年10月3日初版　　Printed in Taiwan

定價350元

城邦讀書花園
www.cite.com.tw

線上版回函卡

國家圖書館出版品預行編目 (CIP) 資料

菩提心與普賢行願 / 濟群法師著 . -- 初版 . -- 臺北市：商周出版：英屬蓋曼群島商家庭傳媒股份有限公司城邦分公司發行, 2023.10
面；　公分
ISBN 978-626-318-834-1(平裝)

1.CST: 佛教教理 2.CST: 佛教說法

220.1　　11201359

ISBN 978-626-318-834-1